MERIAN *live!*

La Palma

Harald Klöcker ist freier Journalist und lebt in Köln. Zahlreiche Veröffentlichungen zu landeskundlichen, kulinarischen und touristischen Themen Spaniens. Er berät auch spanische Firmen und Institutionen.

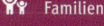 Familientipps
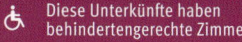 Diese Unterkünfte haben behindertengerechte Zimmer
◎ Ziele in der Umgebung

Preise für ein Doppelzimmer mit Frühstück:
€€€€ ab 160 €   €€ ab 70 €
€€€ ab 120 €   € bis 70 €

Preise für ein dreigängiges Menü ohne Getränke:
€€€€ ab 50 €   €€ ab 20 €
€€€ ab 30 €   € bis 20 €

Inhalt

Willkommen auf La Palma — 4

MERIAN-TopTen
Höhepunkte, die Sie sich nicht entgehen lassen sollten 6

MERIAN-Tipps
Tipps, die Ihnen die unbekannten Seiten der Insel zeigen 8

Zu Gast auf La Palma — 10

Übernachten 12
Essen und Trinken 14
grüner reisen 18
Einkaufen 22
Feste und Events 26
Sport und Strände 30
Im Fokus – Die Ureinwohner La Palmas 36
Familientipps 38

◄ Drachenbäume werden mehrere hundert Jahre alt und gelten als Wahrzeichen der Kanaren.

Der Norden

Santa Cruz und der Osten

Der Westen

Der Süden und Südosten

Unterwegs auf La Palma   40

Santa Cruz und der Osten 42
Der Süden und Südosten 60
Der Westen 68
Der Norden 78

Touren und Ausflüge   86

Durch den Inselnorden 88
Rund um Gallegos 89
Zum Cubo de la Galga 91
Die Ruta de los Volcánes 92
Zum höchsten Gipfel der Insel 94
Radtour durch die Südhälfte 96

Wissenswertes über La Palma   98

Auf einen Blick 100
Geschichte 102
Sprachführer Spanisch 104
Kulinarisches Lexikon 106
Reisepraktisches von A–Z 108

Kartenlegende 115
Kartenatlas 116
Kartenregister 122
Orts- und Sachregister 124
Impressum 128

✳ Karten und Pläne

La Palma .... Klappe vorne
Santa Cruz de La Palma .. Klappe hinten
Los Llanos de Aridane 71
Ruta de los Volcánes 93

Caldera de Taburiente 95
Kartenatlas 115–121
Die Koordinaten im Text verweisen auf die Karten, z. B. ▶ S. 116, C 3.

Extra-Karte zum Herausnehmen .... **Klappe hinten**

Willkommen auf La Palma
Vulkane und Küsten, Felsen und Schluchten, eine üppige Vegetation – doch die Insel verfügt auch über ein lebhaftes Brauchtum.

Kaum bin ich abermals auf La Palma angekommen, überkommt mich ein Zucken in den Fußgelenken. Außerdem fällt mir auf, dass ich immer wieder den Blick nach oben richte und zu den faszinierenden Bergen aufschaue. Ich besuche Freunde, die nahe der Küste leben. Bars und Restaurants gibt es hier, Strände, Siedlungen am Hang, Bananenplantagen, Promenaden für Spaziergänger.
Aber ich spüre von den Fußgelenken aufwärts eine Energie, die mich dazu drängt, möglichst bald den Küstenbereich zu verlassen, um mich hinauf in die Höhenlagen zu begeben. Zwischen 1000 und 2426 m ist mir diese subtropische Insel am liebsten.

Wandern im Hochland
Wer hier den Leihwagen stehen lässt, der Verlockung von Rundfahrten abschwört, sich stattdessen wandernd fortbewegt, der wird mit elementaren Aus- und Einsichten beglückt. Ein Hochland der Schrägen und Abhänge, der Aufstiege, Schluchten und Felsenriffs tut sich auf. Kiefernwälder sind hier zu Hause, dazu Moose, Farne, Flechten, Baumheide und eine Vielzahl subtropischer Gewächse, die nur der Kenner mit Namen zu benennen weiß. Darüber waltet ein nicht selten tiefblauer Himmel. Viel Stille, Falken im Wind, ab und zu eine durchziehende Nebelbank ergänzen die Szenerie.

◂ An der Plaza de España (▸ S. 70) in Los Llanos de Aridane trifft man sich zum Schwätzchen oder trinkt einen »cortado«.

Jedes Mal, wenn ich hier oben nach Stunden des Wanderns innehalte und mich umsehe, bekomme ich ein Gefühl der Hochachtung für diese von vulkanischen Kräften durchdrungene Landschaft. Ihr schreibe ich es zu, dass mich diese knapp 730 qkm große Erhebung im Atlantik stets aufs Neue fasziniert. Außerdem wird mir bewusst, dass es Routen gibt, die ich noch gar nicht gegangen bin.

Mythische Drachenbäume

Wenn ich weiterhin dem Zucken in den Gelenken nachgebe, sehe ich mich schon von Breña Baja zum Refugio El Pilar aufsteigen. Warum bin ich eigentlich noch nie von Roque Faro aus in die Berge gezogen? Eines Tages möchte ich bis zur nördlichsten Spitze der Insel wandern. Interesse hätte ich außerdem an Unternehmungen, bei denen mir jemand La Palmas Vegetation erklärt und ich Fragen stellen kann. Allein im Bosque de los Tilos soll es 700 Pflanzenarten geben. Auch die knorrigen alten Drachenbäume, die bei La Tosca oder im Barranco de Buracas überdauert haben, wären ein würdiges Wanderziel. Die Ureinwohner La Palmas verehrten diesen mythischen Baum, der viele Jahrzehnte alt wird und nur alle vier bis fünf Jahre blüht. Sie sahen in ihm ein Sinnbild für Weisheit und Fruchtbarkeit, nutzten sein rötliches Harz zur Färbung von Textilien oder zum Kurieren von Krankheiten.

Mehr und mehr besinnen sich die Palmeros auf die Kultur der Ureinwohner. Das Museo Insular in Santa Cruz, auch die Besucherzentren von La Zarza und La Zarzita bemühen sich, eine Vorstellung davon zu vermitteln, wie die ursprünglich in Nordafrika beheimateten Stämme lebten, ehe sie Ende des 15. Jh. von spanischen Konquistadoren unterworfen wurden. Als sympathische Facette erlebe ich jedes Mal das gemütliche, auf Volkstümlichkeit bedachte Naturell der Palmeros. Dass sie ihren Wein, ihren fabelhaften Ziegenkäse, ihre Mojo-Saucen, ihre wunderbaren, in vulkanischer Erde gewachsenen Kartoffeln zu schätzen wissen, sollte jedem Touristen ein Vorbild sein.

Kulinarische Erlebnisse

Wer einmal über den Bauernmarkt von Mazo oder Puntagorda schlendert, gewinnt den Eindruck, dass La Palma vorzüglich mit Fisch, Fleisch, Gemüse, Obst, Kräutern, Pilzen und anderen Köstlichkeiten versorgt ist. Das spürt man auch in den Restaurants. Nahezu alle Zutaten für palmerische Gerichte wachsen in der Nachbarschaft, sind entsprechend frisch und schmackhaft. Das beweisen die kleinen süßen Bananen ebenso wie die Avocados, Mangos, Kürbisse, Bohnen, Erbsen und Kaktusfeigen.

Meiner Erfahrung nach schmeckt eine Avocado noch köstlicher, wenn man sie nach einer stundenlangen Wanderung auf einer Höhenlage zwischen 1000 und 2426 m verspeist. Das gilt auch für die Kombination von Ziegenkäse, Mandeln und Feigen. Gesellt sich ein Weitblick über Vulkankrater und Felsengebirge hinzu, blinkt womöglich auch noch das Sonnenlicht über dem Meer in der Ferne, braucht dem geballten La-Palma-Glück nichts mehr hinzugefügt zu werden. Höchstens noch eine Idee, auf welcher Route man am Folgetag wandern möchte.

MERIAN-TopTen

MERIAN zeigt Ihnen die Höhepunkte der Insel: Das sollten Sie sich bei Ihrem Besuch auf La Palma nicht entgehen lassen.

 Museo de la Seda, El Paso
Dieses interessante Museum informiert über die jahrhundertealte Tradition der Seidenherstellung (▶ S. 23).

 Museo Insular, Santa Cruz
Archäologische Funde zur Kulturgeschichte der Insel. Daneben sind interessante Schiffsmodelle ausgestellt (▶ S. 48).

 Volcán San Antonio
Ein Fußweg führt am Kraterrand entlang, der von unzähligen Lava- und Aschehügeln umgeben ist (▶ S. 62).

 Cueva de Belmaco, Mazo
Eine prähistorische Höhle in Mazo. Zu sehen sind interessante Felszeichnungen der Ureinwohner (▶ S. 66).

 La Cumbrecita
Von diesem 1287 m hohen Sattel eröffnet sich ein grandioses Panorama auf die Caldera de Taburiente (▶ S. 74).

 Centro de Visitantes, El Paso
Das Zentrum widmet sich der Flora und Fauna, Archäologie und Geologie des Nationalparks Caldera de Taburiente (▶ S. 76).

 Caldera de Taburiente
Der gigantische Kessel bringt es auf ganze 9 km Durchmesser. Der Kraterrand steigt auf über 2000 m an (▶ S. 79).

 San Andrés y Sauces
Im 16. Jh. in Wohlstand schwelgend, ist diese kleine Ortschaft heute eher ein bewohntes Freilichtmuseum (▶ S. 83).

 Lorbeerwälder von Los Tilos
Wanderwege führen in den Lorbeerdschungel bei Los Sauces, der bereits 1983 zum Schutzgebiet erklärt wurde (▶ S. 85).

 Ruta de los Volcánes
Ganztagestour durch eine grandiose Vulkanlandschaft mit bizarren Gesteinsformationen und Lavamassen allerorten (▶ S. 92).

MERIAN-Tipps Mit MERIAN mehr erleben.

Nehmen Sie teil am Leben der Insel und entdecken Sie La Palma, wie es nur Einheimische kennen.

 Casa Osmunda, Breña Alta
In diesem niveauvollen Gourmet-Restaurant kommen kanarische Traditionsgerichte auf den Tisch (▸ S. 15).

 Bajada de la Virgen de las Nieves, Santa Cruz
Die spektakuläre Prozession zu Ehren der Schutzheiligen La Palmas findet nur alle fünf Jahre statt (▸ S. 27).

 Casa Victoria, Tenagua
Das geschmackvoll eingerichtete Ferienhaus bietet von der Steilküste grandiose Blicke aufs Meer (▸ S. 52).

 Enriclai, Santa Cruz
Kleinstes Lokal der Insel mit stets marktfrischen Produkten und vielen Stammgästen (▸ S. 54).

 Bar Parada, Fuencaliente
Im Hinterzimmer der volkstümlichen Bar werden hausgemachte Backwaren wie verführerisch leckere Mandelmakronen verkauft (▸ S. 64).

 Mercadillo de Mazo
Beliebter Bauernmarkt in einer großen Halle: im Erdgeschoss v. a. Lebensmittel, oben Kunstgewerbe (▸ S. 67).

7 Artefuego, Argual
Die hier von Dominic Kessler hergestellten Glasobjekte überzeugen durch Stil und Orginalität (▶ S. 73).

8 Fiesta de la Candelaria/ Fiesta del Diablo, Tijarafe
Höhepunkt dieses Patronatsfestes im September ist eine imposante symbolische Teufelsverbrennung (▶ S. 74).

9 Restaurante El Canal, San Andrés y Sauces
Sympathischer Familienbetrieb mit kreativer kanarischer Küche und umfassendem Weinangebot (▶ S. 83).

10 Mesón del Mar, Puerto Espindola
Traditionsrestaurant mit herrlichem Blick auf den Hafen. Delikate Meeresfrüchte und Fischgerichte (▶ S. 85).

Kleinstädtisches Flair prägt die beschaulichen Gassen im Zentrum von Santa Cruz (▶ S. 43). Hier hat sich eine Reihe alter Häuser im kanarischen Stil erhalten.

Zu Gast
auf La Palma

Badefreuden im Lavasand, eine subtropische Pflanzenpracht, bunte Fiestas prägen den Charme der Insel. Dazu gesellt sich die gemütliche Lebensart der Palmeros.

Übernachten
Besonders reizvoll sind Apartments, Landhäuser und Ferienwohnungen in schöner Umgebung außerhalb der Urlauberzentren. Das Angebot an ländlichen Unterkünften ist inzwischen beachtlich.

◀ Vom Pool des Hotels Sol La Palma (▶ S. 76) in Puerto Naos genießt man einen grandiosen Blick auf den Atlantik.

Die meisten Hotels, die zum Großteil auch über deutsche Reiseveranstalter zu buchen sind, konzentrieren sich in den Urlaubszentren **Playa de los Cancajos** an der Ost- und **Puerto de Naos** an der Westküste. Hier befinden sich einige empfehlenswerte, mit Drei- oder Vier-Sterne-Komfort ausgestattete Hotels, die vor allem von Badegästen frequentiert werden. Das Hotelangebot in der Hauptstadt Santa Cruz fällt eher bescheiden aus und repräsentiert in den meisten Fällen ein mittleres Niveau.

Apartments mit kanarischem Flair

Typisch für La Palma ist die beträchtliche Zahl an **Ferienhäusern** bzw. **-wohnungen** und **Apartments**. Viele von ihnen bestechen durch eine reizvolle, von ländlicher Ruhe geprägte Lage inmitten der Berglandschaft sowie durch eine rustikale, im kanarischen Stil gehaltene Einrichtung. Hinzu kommt die meist überaus freundliche und herzliche Betreuung durch die ortsansässigen Vermieter. Derartige beschaulich und still gelegene Unterkünfte jenseits der touristischen Ballungsgebiete sind jedoch in den meisten Fällen nur mit dem Leihwagen zu erreichen.

Einige Vermieter von Land- und Ferienhäusern haben sich zur Gesellschaft **Turismo Rural – La Isla Bonita** zusammengeschlossen. Dazu zählen mehrere Dutzend zumeist im kanarischen Stil eingerichtete Häuser. Viele von ihnen liegen in einer sehr reizvollen landschaftlichen Umgebung. Informationen und Reservierungszentrale: Casa Luján, El Pósito 3, Puntallana, Tel. 922430625, www.islabonita.com. Es gibt auch andere Anbieter, z.B. www.lascasascanarias.com. Von Deutschland aus sind viele Ferienhäuser auf La Palma buchbar bei: Karin Pflieger, Lohkoppelweg 26, 22529 Hamburg, Tel. 040/5604488, www.la-palma-turismo-rural.de.

Hotels und Pensionen

Es existieren nur wenige Vier-Sterne-Hotels (die zweithöchste Hotelkategorie in Spanien) auf La Palma. Die meisten Hotels gehören der Drei-Sterne-Kategorie an und entsprechen einem guten Mittelklasseniveau. Neben Hotels mit zwei Sternen bzw. einem Stern gibt es auch noch **Hostals** (»hostales«), **Pensionen** (»pensiones«) und **Apartments** (»apartamentos«). Über das präzise Angebot an Hotels und Pensionen informiert ein jährlich aktualisiert erscheinender **Hotelführer** (»guía de hoteles«), herausgegeben von der staatlichen Tourismusorganisation Turespaña. Der Hotelführer ist in Spanien im Buchhandel erhältlich.

Wer als Individualtourist nach La Palma reist und keine Unterkunft im Voraus buchen möchte, sollte möglichst die Zeit um Weihnachten und Neujahr, die Osterferien sowie die Monate Juli und August meiden. In diesen Perioden herrscht meistens Hochbetrieb, und vor allem preiswerte Hotels und Pensionen sind dann häufig ausgebucht.

Empfehlenswerte Hotels und andere Unterkünfte finden Sie bei den Orten im Kapitel ▶ Unterwegs auf La Palma.

Preise für ein Doppelzimmer mit Frühstück:

€€€€ ab 160 €   €€ ab 70 €
€€€ ab 120 €   € bis 70 €

Essen und Trinken
Deftige palmerische Traditionsgerichte und frischen Fisch genießt man am ehesten in einfachen Familienbetrieben. Dazu sollte natürlich ein Gläschen La-Palma-Wein nicht fehlen.

◀ Erfrischung mit Blick auf den Atlantik: Restaurant direkt am Hafen in Puerto de Tazacorte (▶ S. 77)

Es gibt auf der Insel eine beachtliche Zahl an Restaurants, die italienische, chinesische, spanische, venezolanische oder gar deutsche Küche anbieten. Wer sich indes für die typischen Spezialitäten La Palmas interessiert, findet diese meist nicht in noblen Restaurants oder in den Speisesälen der Großhotels, sondern in volkstümlichen Bars, Tavernen, »parrillas« (Ausflugsrestaurants mit Grillmöglichkeiten), »kioscos« (meist an den Stränden gelegene Imbissbuden) oder in schlicht eingerichteten Gaststätten der ländlichen Gegenden.

Für kulinarisch erlebnishungrige La-Palma-Urlauber gilt die Faustregel: Gaststätten (oft kleine Familienbetriebe) ohne Eleganz und sonderliche Raffinesse in der Inneneinrichtung bekennen sich am ehesten zu den überlieferten Traditionsgerichten. Nicht selten sitzt man dann auf wackligen Stühlen und harten Holzbänken oder an Tischen, die mit abgeschabten Plastik- oder Papiertischtüchern gedeckt sind, bzw. auf einem Barhocker am Tresen.

Herzhafte Eintöpfe

Erwarten Sie von der palmerischen Küche keine raffinierten Gerichte, keine exquisiten Saucen oder waghalsigen Geschmackskombinationen. Palmerische Hausmannskost ist eher rustikal, schnörkellos und besticht durch die Verwendung von einfachen, auf der Insel verfügbaren Zutaten sowie durch eine Zubereitung, die sich an überlieferten Rezepturen orientiert. Typische Beispiele sind originelle Suppen mit Kichererbsen

MERIAN-Tipp

CASA OSMUNDA ▶ S. 118, C 8

Stilvolles Gourmet-Restaurant in einem restaurierten Traditionsgebäude. Kreative Küche mit vorzüglichen Fleischgerichten; Lamm aus dem Backofen, Spanferkel, diverse Fisch- und Reisspeisen. Kreative Zubereitung kanarischer Traditions-Lebensmittel. Dazu kommt ein beachtlicher Weinkeller mit mehr als 70 Posten: palmerische, spanische und internationale Weine. Angenehmes, elegantes Ambiente, professioneller Service. Breña Alta (an der Abzweigung zum Mirador de la Concepción), Subida a la Concepción 2 • Tel. 9 22 41 26 35, 6 37 41 17 18 • www.casaosmunda.blogspot.com • Mo-Sa 13-16, 20-23 Uhr, So geschl. • Reservierung empfohlen • €€€

(»sopa de garbanzos«) oder Brunnenkresse (»sopa de berros«) bzw. nahrhafte Eintöpfe wie »ropa vieja« oder »puchero« (bei dem verschiedene Fleisch- und Gemüsesorten wie Kichererbsen, Weißkohl, Kürbis, Chajote, Bohnen und Kartoffeln im Backofen gegart werden). Typisch sind auch die herzhaft zubereiteten Fleischgerichte. Besonders delikat und rundweg empfehlenswert sind vor allem Speisen mit **Kaninchen-** und **Ziegenfleisch** wie »conejo en salmorejo« (Schmorkaninchen in einer kräftig gewürzten Beize) oder »cabrito en adobo« (in Wein, Kräutern, Knoblauch und Gewürzen mariniertes und langsam gebratenes Ziegenfleisch). Manchmal bekommt man auch – zumeist als kleine köstliche »tapa« serviert – Schafszunge bzw. Kaninchen- oder Ziegenleber.

Pikanter Fisch mit Mojo

In den Küstenorten liegt es nahe, sich den palmerischen **Fischspezialitäten** zuzuwenden. Häufig und gern werden »morena« (Muräne), »mero« (Zackenbarsch), »sama« (eine Brassenart), »atún« (Thunfisch), »cherne« (eine Barschart), »merluza« (Seehecht) und »dorada« (Goldbrasse) serviert. Am beliebtesten ist die »vieja« (meist als Papageifisch übersetzt) mit ihrem weißen, leicht rötlichen, höchst aromatischen Fleisch. Auf den gesamten Kanarischen Inseln gilt die »vieja«, zumeist gegrillt (»a la parilla«) oder auf der Eisenplatte gebraten (»a la plancha«), als eine völlig zu Recht gepriesene Köstlichkeit. Fleisch, Fisch oder Kartoffeln werden gern auf La Palma – wie auch auf den Nachbarinseln – durch ein wenig »mojo« geschmacklich akzentuiert. **Mojo-Sauce** gibt es in mehreren Varianten: Der grünliche »mojo verde« – oft zu Fischgerichten gereicht – besteht normalerweise aus Essig, Olivenöl, Salz, Kumin, Knoblauch und im Mixer pürierten grünen Paprikaschoten. Manchmal werden beim »mojo verde« auch die Paprikaschoten durch klein gehackten Koriander ersetzt, was die Sauce noch interessanter macht.

Weiter unterscheidet man den roten »mojo rojo« (er wird aus Essig, Olivenöl, Salz, Knoblauch, pürierter roter Paprika bzw. Paprikapulver angemacht) und den betont pikanten »mojo picón«, dem scharfes Paprikapulver beigegeben worden ist. Die beiden letzteren Saucen passen besser zu Fleischgerichten.

Der Mojo sollte – eine auf La Palma unumstößliche Küchenweisheit – nach Möglichkeit hausgemacht sein, um sein duftiges Aroma ideal entfalten zu können. Auch auf Märkten wird da und dort Mojo in kleinen Gläschen zum Verkauf angeboten.

»Gofio«, die Basisernährung der Altkanarier, nimmt auch weiterhin in der Küche der Einheimischen einen bedeutenden Platz ein. Dieses geröstete Mehl aus Gerste oder Weizen, bisweilen auch mit Maismehl vermischt, sättigt, kräftigt und ist gesund. Da und dort wird Gofio mit Wasser zu einer Art Teig verknetet, der Saucen, Fleischgerichten oder Suppen beigegeben wird.

Gleichfalls nicht wegzudenken aus dem palmerischen Alltag sind die »papas«, wie man auf den Kanarischen Inseln die **Kartoffeln** nennt. Mehrere wohlschmeckende Sorten werden unterschieden, die einen süßlicher, mehliger oder knackiger als die anderen. Die vortrefflichste Sorte, die aber nur in geringen Mengen angebaut wird, heißt »la bonita«. In einigen besonders geschützten Küstengegenden La Palmas werden Kartoffeln bis zu dreimal pro Jahr geerntet. Am liebsten verzehrt man sie als »papas arrugadas« (runzlige, in Meer- oder Salzwasser gekochte Pellkartoffeln mit Salzkruste) und reicht sie als Beilage zu Mojos, Fisch- oder Fleischspeisen. Eine Hervorhebung verdienen auch die hoch aromatischen, am Baum ausgereiften Avocados und die dicken, besonders wohlschmeckenden Möhren La Palmas.

Hausgemachter **Ziegenkäse** ist auf der ganzen Insel verbreitet. Die Rohmilch stammt meist von der inseltypischen Ziegenrasse »Cabra Palmera«. Der frische oder halb reife

WUSSTEN SIE, DASS...

... auf La Palma nach alter Tradition ein geräucherter Ziegenkäse hergestellt wird? Sein unverwechselbares Aroma erhält er durch den Rauch von glühenden Mandelschalen, Kiefern- oder Baumheideholz.

Ziegenkäse, zusammen mit Feigen, Mandeln oder Honig zu sich genommen, schmeckt bereits köstlich.
Vergessen wir nicht die **Früchte**, die kleinen, süßen Bananen, die Orangen, Kirschen, Feigen etc., und Nachspeisen La Palmas. Typische Desserts sind »queso de almendra«, eine Art Mandelgebäck, »almendrados« (Mandelmakronen) sowie »bienmesabe« (auf Deutsch: »schmeckt mir gut«). Letzteres besteht aus Eigelb, Zucker, zermahlenen Mandeln, Zimt und geriebener Zitronenschale.

Köstlicher Malvasía-Wein

Das gesamte Inselterritorium ist seit dem Jahr 1995 als Weinanbaugebiet mit gesetzlich fixierter Herkunftsbezeichnung (Denominación de Origen, D.O.) ausgewiesen und in die Subzonen Norte de La Palma, Fuencaliente und Hoyo de Mazo eingeteilt. Die interessanteren **Weine**, leider nur in geringer Menge gekeltert, stammen aus den beiden letzten Anbauregionen. Bei den Weißweinreben dominiert die Sorte Listán Blanco, verbreitet sind aber auch Malvasía, Gual, Albillo, Bujariego; nahezu alle Rotweine entstehen aus der Rebsorte Negramol.
Größter Produzent ist die Genossenschaft Llanovid (▶ S. 65) in Fuencaliente, die ihre Erzeugnisse unter dem Markennamen »Teneguía« in den Handel bringt. Als mit Abstand interessantester Wein der Genossenschaft erweist sich der (trockene oder süße) Malvasía, der das angenehm fruchtsüße Aroma der Malvasía-Rebe sehr prägnant zum Ausdruck

Typische Spezialität: gegrillter Fisch mit »papas arrugadas« (Salzkartoffeln).

bringt. Leider wird diese nicht gerade billige Delikatesse nur in geringem Umfang produziert. Weine eher modernen Zuschnitts findet man in letzter Zeit vor allem in der Subzone Hoyo de Mazo, wo sich die Winzergenossenschaft Bodegas el Hoyo (Tel. 9 22 44 06 16, www.bodegaselhoyo.com) angesiedelt hat.

Empfehlenswerte Restaurants finden Sie bei den Orten im Kapitel ▶ **Unterwegs auf La Palma**.

Preise für ein dreigängiges Menü:

€€€€ ab 50 €	€€ ab 20 €
€€€ ab 30 €	€ bis 20 €

grüner reisen

Wer zu Hause umweltbewusst lebt, möchte dies vielleicht auch im Urlaub tun. Mit unseren Empfehlungen im Kapitel grüner reisen wollen wir Ihnen helfen, Ihre »grünen« Ideale an Ihrem Urlaubsort zu verwirklichen und Menschen zu unterstützen, denen ein verantwortungsvoller Umgang mit der Natur am Herzen liegt.

Wertschätzung der natürlichen Ressourcen

Meist sind es auf La Palma lebende Ausländer, die grüne Projekte angeschoben und bewiesen haben, dass es durchaus möglich ist, ein Publikum dafür zu finden. Vor allem im Bereich ökologisch hergestellter Lebensmittel zeigt sich ein erfreulicher Aufschwung. Naturkost- und Bio-Läden gibt es inzwischen mehrere. Das größte Angebot an frischen, naturbelassenen Produkten wird aber am Wochenende auf den Bauernmärkten verkauft. Die Beispiele in Mazo und Puntagorda unterstreichen diese Vielfalt. Sie reichen vom Käse über Gemüse- und Obstsorten bis zu Gebäck, Oliven, Honig, Likören und Weinen. Nicht wenige, vornehmlich von Urlaubern besuchte Restaurants bieten vegetarische Gerichte an. Dazu werden meist marktfrische Produkte der Saison verwendet. Manchmal wird Ziegenkäse mit Gemüse kombiniert. Auch Bananen, Mandeln, Avocados kommen zum Einsatz. Eine Attraktion der Insel sind die vulkanisch geprägten Landschaften. Wer die artenreiche Vegetation, die Vogelwelt oder die zerklüfteten Bergmassive möglichst intensiv erleben möchte, tut gut daran, einen kompetenten Wanderführer zu engagieren. Ortskundige Experten mit naturkundlichen Kenntnissen stehen ausreichend zur Verfügung.

ESSEN UND TRINKEN

Franchipani ▸ S. 120, C 9

In diesem gepflegten, sympathisch geführten Restaurant in El Paso werden kulinarisch anspruchsvolle Gerichte serviert, bei denen größtenteils vegetarische oder Bio-Produkte verwendet werden. Heidy, die Chefin, sorgt stets für frische Zutaten von lokalen Märkten und eine kreative Zubereitung der Speisen. Auf der Tageskarte werden täglich neue Kreationen präsentiert. Alle Hauptgerichte können auch als halbe Portionen bestellt werden.

Zu den beliebtesten vegetarischen Gerichten zählen die pikante Bananensuppe, der Falafelburger mit Pitabrot und Knoblauchsauce, der marinierte Champignonspieß mit Erdnusssauce und Duftreis sowie die mit Käse überbackene Aubergine. Empfehlenswert sind auch die mit Spinat und Rahmkäse gefüllten Teigtaschen, diverse Tofu-, Duftreis- und Nudelgerichte. Auch palmerischer Ziegenkäse wird im Kontext delikater Rezepturen eingesetzt. Die Chefin achtet auf eine gehobene, kultivierte Atmosphäre.

El Paso, Carretera General Empalma Dos Pinos 57 • Tel. 9 22 40 23 05 • www.restaurante-franchipani.com • im Winter 17–22.30, im Sommer 18–22.30, So ab 13 Uhr geöffnet, Mi, Do geschl. • €€

EINKAUFEN

HierbaBuena ▸ Klappe hinten, d 3

Das in Fachkreisen gerühmte Geschäft in der Altstadt von Santa Cruz ist auf Produkte aus biologischer Landwirtschaft sowie Naturkosmetika spezialisiert. Der gute Ruf basiert nicht nur auf dem breiten Sortiment, sondern auch auf dem fachkundigen, stets freundlichen Service. Angeboten werden frisches Obst und Gemüse, außerdem Milch von palmerischen Kühen sowie Eier von Hühnern, die keine Behandlung mit Hormonen oder Antibiotika erleiden mussten. Zum Sortiment gehören ferner: Vollkornbrot aus ökologisch angebautem Getreide, gluten- und zuckerfreie Lebensmittel, Honig, Soja- und Tofuprodukte sowie Kräuter und Kräutermischungen. Angeblich umfasst das Angebot über 100 Kräuter.

Alle Frischprodukte sowie die meisten anderen Erzeugnisse stammen von der Insel. Es sind auch typische La-Palma-Spezialitäten im Angebot, darunter diverse Mojo-Würzsaucen und Gofio, ein nahrhaftes Getreidemehl, das schon die Ureinwohner zu schätzen wussten. Selbstverständlich stammen auch diese Nahrungsmittel aus kontrollierter Bio-Produktion. Ergänzend bietet das Geschäft getrocknete Algen, aromatherapeutische Öle, Mineralien, Vitamine sowie Produkte für die Gewichtsdiät an. Dazu kommen naturbelassene Kosmetika sowie Cremes für den schonenden Sonnenschutz.

Santa Cruz de La Palma, Calle Dr. Santos Abreu 4 (neben Restaurante Enriclai) • Tel. 9 22 41 13 52 • www.hierbabuena.info • Mo–Fr 9–14, 17–20, Sa 9.30–14 Uhr

La Palma Miel ▸ S. 117, D 1

Wer sich für außergewöhnlich guten Honig interessiert, kann auf La Palma interessante Entdeckungen machen. Vor allem der grüne, vegetationsreiche Norden der Insel bietet Bienenvölkern viele Monate lang ein abwechslungsreiches Blütenangebot. Die Natur ist hier noch größtenteils intakt und urwüchsig. Aus diesen nördlichen Breiten La Palmas stammt der Honig, der vom Imker Stephan Braun (La Palma Miel) vertrieben wird. Er züchtet die ursprünglich in dieser Vegetationszone

ansässige schwarze Biene, die wenig Honig liefert, aber bestens an die natürlichen Gegebenheiten angepasst ist. Je nach Jahreszeit werden Mandelblüten-, Agavenblüten-, Distelblüten- oder Kastanienblütenhonig angeboten.
Alle Produkte sind naturrein, enthalten also keinerlei chemische Zusätze. Die Bienen leben in Stöcken, die ausschließlich aus Holz bestehen und lediglich mit Leinöl behandelt sind. Auf Utensilien aus Plastik wird komplett verzichtet. Bienenwachs wird nur aus eigener Herstellung akzeptiert. Damit kann auch in diesem Bereich garantiert werden, dass die Bienen mit keinen schädlichen Substanzen in Verbindung kommen. Besonderen Wert legt der Imker auf die Berücksichtigung der Mondzyklen. Gearbeitet wird im Bienenstock nur dann, wenn die Mondkonstellation den Bienen eine herausragende Widerstandsfähigkeit und Vitalität verleiht. Das begünstigt auch die Qualität des Honigs. Alle Produkte können beim Imker verkostet und erworben werden. Außerdem bietet er seine Erzeugnisse in diversen Naturkostläden zum Verkauf an.
Garafía, La Piedra 7 • Tel. 9 22 40 06 37, mobil 6 17 85 54 20 • www.resistantbees.com

Palmapur ▸ S. 116, C 3

Die Firma hat sich auf die Herstellung von ausgefallenen Likören spezialisiert, bei denen Zutaten aus ökologischem Anbau zum Einsatz kommen. Die verwendeten Früchte stammen bis auf wenige Ausnahmen von Bauern, die ökologisch wirtschaften und das Gütesiegel der amtlichen Kontrollbehörde CRAE (Consejo Regulador de Agricultura Ecológica de Canarias) vorweisen können. Gekauft werden nur frische und vollkommen ausgereifte Früchte. Sie werden binnen zwei Tagen verarbeitet. Die Liköre werden durch Mazeration in Glasbehältern hergestellt. Der Anteil der frisch gepressten Säfte beläuft sich auf 25 bis 30 %. Auf den Zusatz von Farb-, Aroma- oder Konservierungsstoffen wird komplett verzichtet. Das Herstellungsverfahren ist aufwendig und verlangt viel Handarbeit. Das schlägt sich im wahrlich nicht geringen Preis nieder. Das Kernsortiment umfasst Bananen-, Kräuter-, Guaven-, Kaffee-, Maulbeer-, Mispel-, Orangen-, Trauben- und Zitronenlikör. Es gibt auch einen Likör aus Kaktusfeigen. Alle Liköre sind leicht naturtrüb. Die Produkte können per Telefon oder Internet bestellt werden. Man findet sie auch samstags und sonntags auf dem Markt in Puntagorda.
Tijarafe, Las Cabezadas 68 (Manfred Heinrichs) • Tel. 9 22 49 11 27 • www.palmapur.com

Bodega Tagalguén ▸ S. 117, D 1

Bisher gibt es erst wenige amtlich zertifizierte Bio-Weine auf der Insel. Die Zahl der ökologisch gesinnten Winzer kann man an einer Hand abzählen. Überzeugt und mittlerweile auch erfolgreich ist Juan Jesús Perez y Adrian aus der Gegend von Garafía. Er ist der Lebensgefährte von Isabel Gonzáles und die treibende Kraft hinter dem gemeinsamen Projekt. Als Isabels Großeltern in den Dreißigerjahren nach Venezuela auswanderten, ließen sie ihre Finca »La Gloria« bei Garafía zurück. 2001 übernahmen Isabel und Juan Jesús die vernachlässigte Finca und begannen, Reben nach ökologischen Kriterien zu kultivieren. Vor allem die heimischen Rebsorten Listán Negro und Tintilla wurden gepflanzt. Nach und nach wurde Land hinzugekauft und die Rebfläche vergrößert. Mittlerweile ist der Wein auch offiziell als Pro-

Eine der beliebtesten Wanderungen von NAToUR trekking führt durch die Caldera de Taburiente (S. 79). Dabei erfährt man viel über die einzigartige Flora des Kraters.

dukt aus ökologischer Landwirtschaft anerkannt. Außer beim Erzeuger selbst kann er auf dem Markt in Mazo sowie in Naturkostläden erworben werden.
Garafía, Bajada al Puerto de Santo Domingo • Tel. 6 18 30 93 74 • E-Mail: tagalguen@hotmail.com

AKTIVITÄTEN

NAToUR trekking ▶ S. 121, E 9

Die Firma verfügt über eine mehr als 15-jährige Erfahrung und gilt als renommiert und zuverlässig. Angeboten werden naturkundliche Wanderungen der Schwierigkeitsgrade leicht bis mittel, mittel bis anstrengend und anstrengend. Dafür wurden acht verschiedene Routen ausgewählt. Geführt werden die Touren von erfahrenen, offiziell anerkannten Wanderführern aus Spanien, Deutschland, Holland, Belgien oder der Schweiz. Bei Bedarf werden Wanderschuhe, -stöcke oder Rucksäcke leihweise zur Verfügung gestellt.
Während der Wanderungen werden interessante Aspekte zu den Themenkreisen Flora und Fauna, Leben der Urbevölkerung, Geologie oder Klima angeschnitten. Auch hintergründige Erläuterungen zu den vulkanischen Erscheinungsformen gehören dazu. Zu den beliebtesten Unternehmungen zählen die Wanderungen durch die Caldera de Taburiente, durch die Lorbeerwälder von Los Tilos oder durch die Vulkanlandschaft im Inselsüden. Bei den leichteren und sportlich wenig anspruchsvollen Ausflügen werden der Besuch des Bauernmarktes in Puntagorda oder die Begegnung mit inseltypischen Weinen und Tapas integriert.
Breña Baja, Los Cancajos, Apartamentos Valentina 4 • Tel. 9 22 43 30 01 • www.natour-trekking.com

Einkaufen
Originelles Kunsthandwerk ist ebenso als Souvenir begehrt wie die typische La-Palma-Zigarre. Auch kulinarische Mitbringsel wie Honig, Ziegenkäse oder Malvasía-Wein werden immer beliebter.

◀ In der Keramikwerkstatt El Molino in Mazo (▶ S. 24) wurde die altkanarische Töpferkunst wieder zum Leben erweckt.

Das Aufspüren von interessanten handgearbeiteten Produkten erfordert auf La Palma ein gewisses Engagement. In manchen Ortschaften gibt es aber durchaus noch einige kleinere Hersteller von geschmackvollen Textilien, Keramikerzeugnissen nach traditionellen Vorlagen oder schönen Flechtarbeiten.

Mit Unterstützung der Inselregierung wurden inzwischen drei Schau- und Verkaufsstellen eingerichtet, wo palmerische Kunsthandwerker oder Textilproduzenten ihre Erzeugnisse anbieten können. Diese **Centros de Venta de Artesanía** finden sich in Mazo (Enlace Dr. Morera Bravo, Tel. 9 22 42 84 55), Los Llanos (Casa Massieu, Argual, Tel. 9 22 40 18 99) und Santa Cruz de la Palma (Plaza de San Francisco, Tel. 9 22 41 21 29). Die rundweg empfehlenswerten Ausstellungs- und Verkaufszentren sind Montag bis Freitag von 8 bis 15 Uhr geöffnet.

Traditionelle Stickereien

Im 17. Jh. gab es noch rund 3000 Webstühle auf der Insel, eigener Flachs wurde angebaut, Schafwolle hergestellt. Davon ist nur noch wenig übrig geblieben. Die heutzutage von Frauen handgefertigten **Textilerzeugnisse** sind vornehmlich bunt bestickte Tischdecken, Bettbezüge, Servietten, Taschentücher, Blusen oder Trachten, oft mit originellen Blumen-, Blatt-, Frucht- oder Vogelmotiven verziert. Verbreitet sind vor allem sogenannte Richelieu-Stickereien (»punto perdido«).

Da und dort findet man auch noch Patchworkdecken oder aus bunten Stoffstreifen gefertigte Taschen, Bettdecken oder kleine Teppiche. Eine gute Auswahl an typischen palmerischen Stickereiarbeiten bekommt man beispielsweise im Kunsthandwerkszentrum **Las Tierras** in der kleinen Ortschaft Franceses (zählt zu Villa de Garafía), Lomo de las Tierras 42, Tel. 9 22 40 04 56, Mi–Mo 10–13 und 16–21 Uhr.

Auch die Seidenspinnerei war ehemals auf La Palma weit verbreitet. Inzwischen werden Produkte aus **Naturseide** (u. a. Krawatten, Fliegen, Halstücher, Taschentücher oder Blusen) nur noch in wenigen kleinen Werkstätten in El Paso und Los Llanos de Aridane hergestellt.

Das Städtchen El Paso war stets ein bedeutendes Zentrum der handwerklichen Herstellung von Seide. Inzwischen wurde hier dem Thema ein eigenes Museum, das **Museo de la Seda (Las Hilanderas)** [1], gewidmet, in dem der Besucher verfolgen kann, wie ein Rohseidefaden entsteht und verarbeitet wird. Auch das Färben der Rohseide mit Zwiebel-, Walnuss- oder Mandelschalen ist gut dokumentiert. Zu bestimmten Terminen (bitte erfragen) kann man auch den örtlichen Produzentinnen von Seidenstoffen bei der Arbeit zusehen (El Paso, Calle Manuel Taño 6, Tel. 9 22 48 56 31, 9 22 48 54 00, www.lashilanderaselpaso.com, Mo–Fr 10–13, Di, Do auch 17–19 Uhr, Eintritt 2,50 €, Kinder frei).

Zu den typisch palmerischen Souvenirs zählen außerdem Flechtarbeiten aus Palmstroh – darunter Matten, Hüte, Körbe, Einkaufstaschen etc. –, Holzschnitzereien, Trockenblumen, Lederarbeiten (handgefertigte Sandalen, Schmuck), Puppen oder aromatische Essenzen.

Keramik nach altkanarischen Vorbildern

Die renommierteste Werkstätte für **Keramik** heißt El Molino und befindet sich in Hoyo de Mazo (Monte de Pueblo 25, Tel. 9 22 44 02 13, Mo–Sa 9–13 und 15–19 Uhr). In dem Wohngebäude einer ehemaligen Gofio-Mühle aus dem 19. Jh. werden unter der Leitung von Vina Cabrera und Ramón Barreto Keramikerzeugnisse gefertigt, die in Farbe, Form, Größe und Dekor nach altkanarischen Vorbildern entworfen wurden. Grundmaterial ist ein Ton aus der Gegend von Puntagorda, der in einem holzgefeuerten Ofen bei fast 700 °C ungefähr zwölf Stunden lang gebrannt wird. Viele der schönen Keramikobjekte aus der Werkstätte El Molino wurden bereits auf renommierten Fachausstellungen gezeigt.

La Palma ist die einzige der Kanarischen Inseln, auf der **Zigarren** noch in Handarbeit gefertigt werden. Die Produktionsmenge des angebauten Tabaks ist insgesamt gering, die kleinen Werkstätten der Zigarrenhersteller befinden sich zumeist in der Gegend von Breña Alta, Breña Baja oder El Paso. Palmerische Zigarren – von Kennern durchaus geschätzt – bekommt man direkt beim Hersteller (beispielsweise bei Ignacio Rodríguez Concepción in Breña Alta, Camino del Brezal 212, Tel. 9 22 43 43 45) oder auch in einigen Geschäften in Santa Cruz.

Zu besichtigen ist nach Voranmeldung die **Finca Tabaquera El Sitio** (Breña Alta, Camino la Cueva 19, Tel. 9 22 43 52 27, www.fincatabaquerael sitio.info). Hier können Interessierte die traditionsreiche Zigarrenherstellung direkt in Augenschein nehmen, und in einem angeschlossenen Geschäft stehen die renommierten El-Sitio-Zigarren zum Verkauf bereit.

Ein durchaus attraktives Souvenir ist auch der duftige, wohlschmeckende **Honig** La Palmas (meist ein Mischhonig mit hohem Anteil von Baumheide). Er wird auf den Märkten in Mazo, Los Llanos de Aridane oder Santa Cruz angeboten. Ein vortrefflicher Honig mit einem hohen Anteil an Baumheideblüten wird in der Gegend des Ortes La Sabina gewonnen. Verkauft wird er u. a. bei **Gregorio Lorenzo** (La Sabina, Carretera General 76, Tel. 9 22 44 05 58). Interessante Mitbringsel findet man auch auf dem Flohmarkt (»rastro«), der sonntags (9–15 Uhr) auf der Plaza de Sotomayor in Llano de Argual, Los Llanos (gegenüber der Abzweigung nach Tijarafe) stattfindet.

Typisch palmerische Spezialitäten wie Honig, Käse, Obst, Gemüse und Wein werden auch auf dem Markt von Puntagorda (Sa 15–19, So 11–15 Uhr) angeboten. An jedem dritten Sonntag im Monat findet auch hier ein Flohmarkt statt. Dieser Markt (»mercadillo«) befindet sich in unmittelbarer Nähe der Zona recreativa; Parkplätze sind vorhanden.

Wer den einen oder anderen **Wein** mit Genuss getrunken hat und als Mitbringsel mit ins Heimatland nehmen möchte, findet die entsprechenden Erzeugnisse in nahezu allen Souvenirgeschäften von Santa Cruz. Noch preiswerter kauft man La-Palma-Weine direkt bei der Genossenschaftskellerei Llanovid (▶ S. 65) in Fuencaliente. Diese Weine tragen die Markenbezeichnung Teneguía.

Empfehlenswerte Geschäfte und Märkte finden Sie bei den Orten im Kapitel
▶ **Unterwegs auf La Palma.**

Feste und Events
Traditionelle »romerías« bilden den Auftakt zu den vielen Patronatsfesten. Danach wird ausgiebig geschlemmt. Geselligkeit, Musik und ausreichend La-Palma-Wein gehören unbedingt dazu.

◄ Pappmascheeköpfe, »mascarones« genannt, bei der Bajada de la Virgen de Las Nieves (▶ MERIAN-Tipp, S. 27).

JANUAR
Los Reyes Magos
Fest der Heiligen Drei Könige in allen Orten. Kinderbescherung, Umzüge.
5./6. Januar

San Antonio Abad, Fuencaliente
Patronatsfest.
17. Januar

FEBRUAR
Fiesta del Almendro en Flor, Puntagorda
Das Mandelblütenfest hat sich zu einem viel besuchten volkstümlichen Kulturereignis entwickelt. Es werden Sportveranstaltungen, Musik unter freiem Himmel, Tanz, Dichterlesungen und Lobpreisungen auf den Mandelanbau in der Gegend von Puntagorda dargeboten. Außerdem wird üppiges Essen und reichlich Wein aufgetischt, dazu reicht man geröstete Mandeln. Bunt gemischtes Publikum aus Einheimischen und Touristen. Rundweg empfehlenswert.
Anfang Februar

San Blas, Mazo
Patronatsfest.
3. Februar

Karneval, Santa Cruz
Turbulenter, ausgelassener Straßenkarneval im Februar; er dauert eine ganze Woche lang. Am Karnevalsmontag kommt es zum »Regreso de Los Indianos«: Ein beschwingter Umzug zieht zu den Klängen von Sambamusik durch die Gassen der Altstadt. Der Festakt symbolisiert die Rückkehr der in Südamerika reich gewordenen Palmeros. Während des Umzugs bewerfen sich die Einwohner von Santa Cruz hemmungslos mit Talkumpulver. Am Freitag danach wird nach einem Zug durch die Stadt eine große Sardine aus Pappmaschee verbrannt. Damit wird der Karneval symbolisch zu Grabe getragen.

MERIAN-Tipp

BAJADA DE LA VIRGEN DE LAS NIEVES ▶ S. 118, C 8

Großes, seit 1680 existierendes Fest zu Ehren der Nuestra Señora de las Nieves, der Schutzheiligen La Palmas. Höhepunkt der mehrwöchigen Feier, die Anfang Juli beginnt und sich bis in den August hinzieht, ist eine spektakuläre Prozession, bei der die Madonnenfigur von Las Nieves nach Santa Cruz herabgetragen wird. Während des Festes wird der einzigartige Zwergentanz (»danza de los enanos«) aufgeführt, bei dem Männer aus Santa Cruz mit riesigen Pappmascheeköpfen als Zwerge verkleidet durch die Straßen hüpfen. Auf dem Programm stehen zudem ein Feuerwerk, die Wahl der Festkönigin, ein Blumenkorso, Musik- und Tanzveranstaltungen sowie Sportwettkämpfe. Zu dem berühmten Fest reisen Tausende von anderen Kanarischen Inseln oder ehemals emigrierte Palmeros aus Übersee an. Hotels, Fähren und Flüge sind dann komplett ausgebucht.
Santa Cruz • die Bajada findet nur alle fünf Jahre statt (das nächste Mal 2015, 2020 etc.) • www.labajadadelavirgen.com, www.lapalma.es

ZU GAST AUF LA PALMA

APRIL
Fiestas de Fátima, Tijarafe
Patronatsfest im Ortsteil La Punta.
Ende April

Fiesta Patronal de Nuestra Señora de Montserrat, Los Sauces
Patronatsfest mit Kulturdarbietungen und Weinverkostung.
27. April

MAI
Fiesta de la Cruz
Die Kreuze in den einzelnen Ortsteilen und an den Straßen werden festlich geschmückt. Wettbewerbe um den attraktivsten Kreuzschmuck.
3. Mai • in Santa Cruz, Breña Baja, Breña Alta, Barlovento

Fiesta de San Isidro, Breña Alta
Viehmarkt und Volksfest.
An einem Samstag Mitte Mai

Corpus Cristi, Mazo
Großes, etwa eine Woche dauerndes Fronleichnamsfest. Kunstvoll gefertigte Blumenteppiche und biblische Motive schmücken den Ort, und es finden Prozessionen statt.
Fronleichnam

JUNI
Sagrado Corazón de Jesús, El Paso
Herz-Jesu-Fest mit Prozession und Blumenteppichen.
Jährlich wechselnder Termin

Fiesta de San Antonio del Monte, San Antonio del Monte
Uriger Viehmarkt mit Segnung der Nutztiere. Rinderprämierung.
13. Juni

Fiesta de San Juan, Fuencaliente
Patronatsfest.
24. Juni

Den Abschluss der Fiesta de San Antonio del Monte (▶ S. 28) bildet eine feierliche Prozession, bei der die Statue des hl. Antonius durch die Straßen getragen wird.

**Fiesta de San Pedro,
Fuencaliente und Breña Alta**

Patronatsfest.
29. Juni

JULI
**Virgen de los Remedios,
Los Llanos de Aridane**

Patronatsfest.
Höhepunkt am 2. Juli, das Fest beginnt aber gut zwei Wochen vorher

Día del Carmen, Tazacorte und Santa Cruz

Patronatsfest.
16. Juli

AUGUST
**Fiesta de San Mauro,
Puntagorda**

Patronatsfest.
Während der ersten zwei Augustwochen

**Fiesta de la Virgen del Rosario,
Barlovento**

Fiesta in Erinnerung an die siegreiche Seeschlacht von Lepanto (1571) gegen die türkische Flotte.
Anfang bis Mitte August, das nächste Mal im Jahr 2013

**Fiesta de las Angustias,
Los Llanos de Aridane**

Patronatsfest.
15. August

**Fiesta de la Concepción,
Breña Alta**

Patronatsfest.
15. August

**Nuestra Señora de los Dolores,
Mazo**

Patronatsfest mit zahlreichen volkstümlichen Aufführungen. Statt eines Trunkenbolds wird symbolisch eine Puppe verbrannt.
24. August

**Fiesta de la Vendimia,
Fuencaliente**

Großes Fest der Weinernte mit einzigartigen Folkloretänzen, Weinproben und Kulturveranstaltungen.
Letzte Augustwoche

**Romería de la Virgen del Pino,
El Paso**

Viel besuchte Prozession; dabei wird die Figur der Gottesmutter von der Ermita de la Virgen del Pino in die Kirche Nuestra Señora de Bonanza nach El Paso gebracht.
Alle drei Jahre Ende August, das nächste Mal 2015 sowie 2018

SEPTEMBER
Fiesta de Nuestra Señora de Montserrat, Los Sauces

Patronatsfest mit Pferderennen, Musik, Sport, Kunst und Poesie.
In den ersten beiden Septemberwochen

NOVEMBER
Fiesta de San Andrés, San Andrés

Patronatsfest.
30. November

DEZEMBER
Fiesta de la Purísima Concepción de Bonanza, El Paso

Patronatsfest mit Blumenteppichen und Musikdarbietungen.
7. Dezember

Navidad

Bei der Mitternachtsmesse in Garafía werden Krippenspiele aufgeführt und historische Texte rezitiert.
24. Dezember

Sport und Strände
La Palma ist bekanntlich ein Paradies für Wanderer, doch auch für Wassersport sind die Bedingungen günstig. Und es gibt zahlreiche ortskundige Agenturen, die ihren Service anbieten.

◂ Wer den Kraterrand der Caldera de Taburiente (▶ S. 79) erklimmt, wird mit spektakulären Aussichten belohnt.

Besonders der gebirgige Norden La Palmas mit der Caldera de Taburiente, den zahlreichen, von dichter Vegetation geprägten Tälern und bizarren Höhenzügen lockt alljährlich viele Besucher, die im Urlaub in einer kraftvollen, weitgehend unversehrten Natur wandern möchten. Die Voraussetzungen dafür sind grundsätzlich sehr gut. Hobby-Wanderer sollten jedoch unbedingt mehrere Aspekte berücksichtigen, ehe sie zu den teils recht anspruchsvollen Touren aufbrechen. Zunächst: Im Hochgebirge des Nordens benötigt man in jedem Fall solide Wanderschuhe; auf dem teils bröckligen Vulkangestein rutscht man leicht ab. Manche Routen sind darüber hinaus ziemlich steil, führen über Geröllhänge oder über vom Wasser erodiertes Erdreich.

Attraktive Touren

Unterschätzen Sie das Wetter nicht! Eben noch sonnig, klar und windstill, kann es binnen kurzer Zeit umschlagen – und schon ist man von Nebel, Regenschauern und starken Winden umgeben. Ohne wärmende Kleidung, Regen- und Sonnenschutz sowie Proviant und Wasserflasche sollten sich umsichtige Wanderer niemals auf eine Tour begeben. Außerdem benötigt man eine aktuelle und präzise Wanderkarte, um sich jederzeit orientieren zu können.

Nicht alle attraktiven Wanderrouten sind durchgängig markiert. Manchmal sind die Markierungen – aus welchen Gründen auch immer – nicht mehr vorhanden, bisweilen sind nach heftigen Regenfällen Teile des Weges abgerutscht, und nicht selten verstellt dichter Nebel die Sicht.

Ganz wichtig: Verlassen Sie möglichst die markierten Wege nicht und gehen Sie niemals alleine los. Die Bergregionen La Palmas sind kein Gefilde für leichte Spaziergänge. Brechen Sie mindestens zu zweit oder in kleinen Gruppen auf, damit immer jemand Hilfe holen kann, wenn Sie in eine brenzlige Situation geraten. Für die meisten anspruchsvollen Routen gilt außerdem: Führen Sie Ihre Wandertour nicht auf eigene Faust durch, sondern mieten Sie sich einen geländekundigen und erfahrenen Bergführer oder schließen Sie sich einer geführten Wandergruppe an. Auch ein GPS kann natürlich gute Dienste leisten.

2000 km Wanderwege

In den letzten Jahren wurden viele Wanderwege mit weißen, roten, gelben oder grünen Streifen markiert. Inzwischen ist das Netz auf beinahe 2000 km angewachsen. Die Markierung und Pflege der Wege hat sich enorm verbessert. In Notfällen kann man Hilfe unter Tel. 1 12 oder 9 22 43 76 50 (Secopin) anfordern.

Bedenken Sie bitte auch, dass mehrere Landschaftsgebiete der Insel unter Naturschutz stehen, und die einschlägigen Schutzbestimmungen werden von den zuständigen Behörden auch streng überwacht. Darüber hinaus gelten – aus plausiblen Gründen – besondere Verhaltensmaßregeln für den Brandschutz. Gerade während der häufig sehr trockenen Sommermonate ist jegliches Hantieren mit offenem Feuer außerhalb geschlossener Siedlungen strengstens untersagt.

Neben dem Wandern bieten sich interessante Möglichkeiten für diverse

Wassersportarten. Berücksichtigen Sie aber: Bei entsprechender Wetterlage wird aus dem Atlantik ein gefährlicher Ozean mit starken Strömungen und hohen Wellen. Achten Sie auf die Wettervorhersage und meiden Sie riskante Unternehmungen.

ANGELN
Club Marítimo La Gaviota
▶ S. 118, C 8
Santa Cruz de La Palma • Tel. 9 22 42 02 41, Mobil 6 09 64 71 03

RAD FAHREN
Aire Libre ▶ S. 116, C 2
Puntagorda, Camino Real Barranquito Hondo 4 • Tel. 9 22 49 13 06

Bike n' Fun ▶ S. 71, d 2
Renommierter und erfahrener Veranstalter seit 20 Jahren.
Los Llanos de Aridane, Calle Calvo Sotelo 20 • Tel. 9 22 40 19 27 • www.bikenfun.de

Bike Station La Palma
▶ S. 120, B 10
Puerto Naos, Avenida Cruz Roja 3 • Tel. 9 22 40 83 55

REITEN
Circulo Hípico Manivasán
▶ S. 120, C 9
Springreiten, Reitschule, Ausflüge.
El Paso • Mobil 6 07 68 15 86

Sociedad Hípica Miranda
▶ S. 118, C 8
Anfängerkurse und Ausflüge.
Breña Alta, Miranda de Abajo s/n • Tel. 9 22 43 76 96

SEGELN
Zahlreiche Infos unter: www.la-palma-sailing.com (auch auf Deutsch).

Club de Vela Almirante Díaz Pimienta ▶ S. 118, C 8
Auch Optimistenklasse für Jugendliche im Programm.
Santa Cruz de La Palma • Tel. 9 22 41 16 75

TAUCHEN
Buceo Sub La Palma ▶ S. 121, E 9
Seit 2003 bestehende Tauchschule, angeschlossen dem Hotel Taburiente Playa und unter deutschsprachiger Leitung. Anfängerkurse, Ausbildung zum Tauchlehrer, Bootstauchgänge.
Los Cancajos/Breña Baja • Tel. 9 22 18 11 13 • www.buceos-sub.com

Casa de Buceo ▶ S. 71, d 2
Niederländisch geführte Tauchbasis. Tauchkurse für Anfänger und Fortgeschrittene. Schnorcheltrips. Auch Tauchkurse auch in Deutsch und Englisch.
Los Llanos de Aridane • Calle Calvo Sotelo 16 b • Tel. 9 22 46 48 86, 6 63 32 65 20 • www.casadebuceo.com

La Palma Sub ▶ S. 118, C 8
Tauchkurse, Tauchschule, Materialverleih, Flaschenfüllung.
Santa Cruz de La Palma, Barranco del Carmen • Tel. 9 22 42 03 55

Tauchpartner La Palma
▶ S. 120, B 10
Ausbildung und geführte Tauchgänge. Deutsche Leitung.
Puerto Naos, Paseo Maritimo 1a • Tel. 9 22 40 81 39 • www.tauchpartner-lapalma.de

TENNIS
Club de Tenis La Palma
▶ S. 118, C 8
Drei Tennisplätze.
Breña Alta • Tel. 9 22 41 10 12

Sport und Strände

Tagsüber Baden am gepflegten schwarzen Lavastrand, anschließend die Köstlichkeiten der Fischrestaurants an der Promenade genießen: Puerto de Tazacorte (▸ S. 77).

Club de Tenis Valle de Aridane
▸ S. 117, D 4
Anlage mit vier Tennisplätzen.
Los Llanos de Aridane •
Tel. 9 22 48 02 03

WANDERN

Generelle Infos und eine Vielzahl an Tourenvorschlägen bietet die Website www.senderosdelapalma.com.

Aire Libre ▸ S. 116, C 2
Die Agentur hat zahlreiche Wander- und Freizeitaktivitäten im Programm. Puntagorda, Camino Real Barranquito Hondo 4 • Tel. 9 22 49 33 06

Grupo de Montaña y Senderismo Amigos de La Palma ▸ S. 117, D 4
Vermittelt Wander- und Bergführer.
Tel. 9 22 43 76 81

La Palma Trekking ▸ S. 118, C 8
Professionelles, erfahrenes Trekking-Team. Qualifizierter Service.
Santa Cruz de La Palma, Apartado de Correos 473 bzw. Los Cancajos •
Tel. 9 22 43 45 40

Südseeträume auf schwarzem Sand: Die von Palmen gesäumte Playa de Puerto Naos
(▶ S. 35) südlich von Tazacorte bietet Badegästen den längsten Strand der Insel.

Senderos Canarios S. L.
▶ S. 121, E 9

Auch als NAToUR trekking bekannt. Agentur für Ausflüge und geführte naturkundliche Wanderungen. Erfahrene Bergführer, professioneller Service, auch in deutscher Sprache (▶ grüner reisen, S. 21).

STRÄNDE

La Palmas Strände bestehen meist aus dunklem, mehr oder weniger feinem Lavasand oder -kies. Viele der kleineren Strände bieten keine Serviceeinrichtungen, dafür aber Ruhe und Beschaulichkeit. Die Mitnahme von Badeschuhen (der Boden wärmt sich in den Sommermonaten erheblich auf) sowie eines Sonnenschirms ist ratsam. Zu einigen der etwas entlegenen Strände muss man manchmal über ziemlich steile Wege hinabsteigen.

Sehr wichtig: Typisch für die Küstengewässer – insbesondere im Norden La Palmas – sind zumal während der Herbst- und Wintermonate hohe Wellen und starke Strömungen, die von Badegästen nicht selten unterschätzt werden. Seien Sie an unbewachten Strandabschnitten betont vorsichtig, und gehen Sie bei heftiger Brandung besser gar nicht ins Wasser. Die Strömungen und Unterströmungen des Atlantiks sind gefährlicher, als manch einer glauben mag. Offizielle FKK-Strände gibt es nicht, Nacktbaden wird aber z. B. an der etwas abgelegenen **Playa de las Monjas** nahe Puerto de Naos geduldet.

Charco Azul
▶ S. 118, C 6

Ein von der Brandung im Felsen ausgewaschenes Meeresschwimmbecken, das ständig durch frisches Atlantikwasser aufgefüllt wird. Durch ein Unwetter wurde das Becken beschädigt. Die Schäden sind inzwischen ausgebessert worden. In der Nachbarschaft liegt das Restaurant El Cabo.

La Fajana ▸ S. 118, C 5

Felsbadeanlage nordöstlich von Barlovento. Nur bei ruhiger See zum Baden geeignet, Gefahren bei Wind und starker Brandung. Ferienhäuser und ein Restaurant mit einem grandiosen Blick von der Terrasse befinden sich nahebei. Bei Einheimischen ist der Strandabschnitt an Sommerwochenenden sehr beliebt.

Playa de los Cancajos 🏖️
▸ S. 121, E 9

Durch Wellenbrecher aus Beton gegen die Brandung geschützter, weitgehend familienfreundlicher Strand des Urlauberzentrums Los Cancajos an der Ostküste. Zahlreiche Serviceeinrichtungen. Im zumeist dichten Getümmel der Badegäste darf man alles andere als Ruhe erwarten.

Playa Nogales ▸ S. 119, D 7

Unterhalb einer hohen Felswand gelegener Strand aus dunklem feinkörnigen Vulkansand. Ein empfehlenswerter Ort für Ruhebedürftige, die sonnenbaden, den grandiosen Blick über das Meer genießen oder surfen wollen. Duschen sind vorhanden. Man sollte früh kommen und die Morgensonne genießen; die Sonne verschwindet meist bereits am frühen Nachmittag hinter der Felswand. Achtung: Wegen der starken Strömungen ist an dieser Stelle vom Schwimmen generell abzuraten.
Die Playa Nogales liegt an der Ostküste. Von Puntallana aus nimmt man die Abzweigung Richtung Bajamar. Nach knapp 3 km biegt eine breite Straße nach links ab. Auf ihr erreicht man nach weiteren 2 km die Abzweigung Richtung Küste. Vom Parkplatz führt eine steinerne Treppe (festes Schuhwerk ratsam) hinunter zum Strand. Die etwas komplizierte Anfahrt lohnt unbedingt.

Playa Nueva ▸ S. 120, B 9

Im Sommer bei Einheimischen, jungen Leuten und Surfern beliebter Strand nahe der Südspitze der Insel. Rummel an Wochenenden. In der warmen Jahreszeit ist die Brandung eher gemäßigt, dann ist ein gefahrloses Baden möglich.

Playa de Puerto Naos ▸ S. 120, B 10

Bedeutendster, bei Badewetter viel besuchter Strand (dunkler Lavasand) an der Westküste; der längste Strand der Insel. Serviceeinrichtungen, Verleih von Sonnenschirmen, Rettungsdienst. Nahebei intensive Bebauung mit Hotel- und Apartmentanlagen. Einige kleinere und weniger bevölkerte Strände erstrecken sich nördlich und südlich von Puerto Naos (**Playa de Charco Verde, Playa El Remo**).

Playas de la Zamora ▸ S. 120, C 11

Zwei kleinere Strände, zwischen Bananenplantagen an der Westküste auf halber Strecke zwischen dem Faro de Fuencaliente und Puerto Naos gelegen. Bisweilen werden die Strände auch **Playas Chicas** genannt. Zu erreichen ist dieser Strandbereich von Las Indias aus, wenn man der Serpentinenstraße in Richtung Küste folgt. An Sommerwochenenden finden sich hier gerne zahlreiche Einheimische ein, jedoch wird es selten so richtig voll.

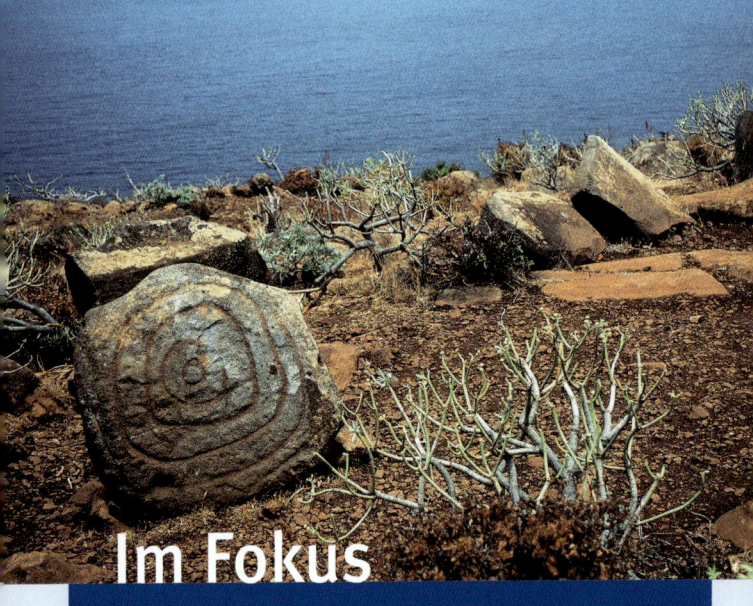

Im Fokus

Die Ureinwohner La Palmas

Bereits vor der Eroberung durch die Spanier im Jahr 1493 existierte auf der Insel eine entwickelte Stammeskultur.

Allgemein werden die Ureinwohner der Kanaren oft als Guanchen bezeichnet. Damit sind allerdings meist die Altkanarier der Inseln Teneriffa und La Gomera gemeint. Während die Ureinwohner der Insel El Hierro in der Regel Bimbaches genannt werden, hat sich für die vorspanische Bevölkerung La Palmas die Bezeichnung Auaritas oder Benahoaritas durchgesetzt. Forscher gehen davon aus, dass die Besiedler der Kanaren etwa um 500 v. Chr. aus dem Nordwesten Afrikas eingewandert sind. Vermutet wird, dass Ausgestoßene der Berberstämme mit primitiven Booten auf die Inseln flüchteten. Von den Auaritas weiß man heute, dass sie die Insel in zwölf Stammesgebiete aufgeteilt hatten. Sie nannten sich Aridane, Tihuya, Tamanca, Ahenguareme, Tigalate, Tedote, Tenegua, Adeyahamen, Tagaragre, Tagalguen, Hiscaguan und Aceró. Jeden Stamm regierte ein Häuptling (»Mencey«). Sie hießen Mayantigo, Echedey, Atabara, Temiaba, Atogmatoma oder Tanausú. Die Häuptlinge schufen in Absprache mit den Adligen des Stammes die Gesetze und sprachen Recht. Adelstitel waren wohl nicht vererbbar, sondern wurden für besondere Verdienste verliehen. Als Wohnstätten dienten Höhlen im Lava- und Tuffgestein.
Einige der Höhlen haben überdauert, beispielsweise die **Cueva de Belmaco** (▶ S. 66) oder **La Zarza** und **La Zarzita**

◄ Alte Felszeichnungen im Petroglyphenfeld El Cavario in Garafía (▶ S. 81).

(▶ S. 81). Archäologen fanden in den Höhlen Hausrat, vor allem Keramik, Arbeitsinstrumente, Jagdausrüstung und Waffen. An den Höhlenwänden entdeckten sie seltsame, meist geometrische Symbole, die bis heute nicht komplett entschlüsselt sind.

Eine prähistorische Kultur

Was man inzwischen weiß: Die Ureinwohner La Palmas betrieben Ackerbau und Viehzucht, sammelten Früchte und Samen der Natur sowie Meeresfrüchte an der Felsküste. Belege für einen entwickelten Fischfang gibt es nicht. Aus der Milch der Ziegen und Schafe produzierten sie Käse und Butter. Die Gemeinschaftsfelder eines Stammes wurden in kleinen Gruppen bewirtschaftet, man baute Getreide, Erbsen und Saubohnen an. Wichtiger Nahrungsbestandteil war der Gofio – geröstete Gerstenkörner, die in der steinernen Handmühle zu Mehl gemahlen und mit Wasser, Honig oder anderen Speisen vermischt wurden. Oft wurde der Gofio in besonderen Tongefäßen gepresst und zu kegelförmigen Einheiten verarbeitet.

Eine konzentrierte Darstellung der Geschichte der Ureinwohner findet sich im **Museo Arqueológico Benahoarita** in Los Llanos de Aridane (▶ S. 70). Hier sind vor allem Objekte aus dem Alltagsleben sowie Symbole aus der religiösen Vorstellungswelt dieser frühen Siedler zu sehen. Die Altkanarier verehrten einen einzigen allmächtigen Gott und brachten ihm an steinernen Opferaltären Bitt- oder Dankesopfer dar. Nahe der Küsten wurden größere Ansammlungen von Meeresschnecken- oder Muschelschalen gefunden, was auf Gemeinschaftsmahlzeiten schließen lässt; vermutlich trugen sie einen religiös-zeremoniellen Charakter.

Die spanische Eroberung

Als es der spanischen Krone Ende des 15. Jh. gelang, die Kanarischen Inseln zu erobern und die Bevölkerung zu christianisieren, hatten die Ureinwohner keine Chance auf einen siegreichen Widerstand. Auf La Palma wurden mit List, Gewalt und falschen Versprechungen elf von zwölf Stämmen in kurzer Zeit unterworfen. Einzig Tanausú, Häuptling der Aceró, stellte sich den Spaniern unter Leitung von Alonso Fernández de Lugo entgegen. Die Aceró zogen sich im Frühjahr 1493 in die schwer zugängliche Gebirgsregion der Caldera de Taburiente zurück und verschanzten sich dort.

Als die Spanier feststellen mussten, dass sie die Aceró mit militärischen Mitteln nicht besiegen konnten, griff Alonso Fernández de Lugo zu einer List. Er schickte einen bereits zum Christentum bekehrten Verwandten von Tanausú aus, um dem widerspenstigen Häuptling ein Angebot zu unterbreiten: Er möge zu Friedensverhandlungen erscheinen, dann dürfe sein Stamm seine Privilegien und Ländereien behalten. Als Tanausú auf das Angebot einging, wurde er von den spanischen Truppen überwältigt. Man brachte ihn auf ein Schiff, das ihn nach Spanien überstellen sollte.

Während der Schiffsreise trat Tanausú aus Protest gegen den Wortbruch der Eroberer in den Hungerstreik und starb noch auf der Überfahrt. Bereits im Mai 1493 war die Eroberung La Palmas abgeschlossen, De Lugo wurde Gouverneur der Insel. Die Spanier hatten sich durchgesetzt, die Kultur der Auaritas verlor fortan schnell an Bedeutung.

Familientipps
Neben Badespaß pur gibt es manch Interessantes über die kanarische Tier- und Pflanzenwelt sowie die Vulkane zu erfahren. Auch ein Bootsausflug kann zum kleinen Abenteuer werden.

◀ Im Biosphärenreservat El Canal y Los Tilos (▶ S. 39) taucht man in die Ökologie der Loorbeerwälder ein.

Acropark Canarias ▶ S. 120 D 9

Der Hochseilgarten, rund 400 m vom Picknickplatz Refugio El Pilar entfernt, wurde im Oktober 2011 eröffnet. Das 12 000-qm-Gelände beherbergt diverse Parcours für kletterbegeisterte Kinder und Erwachsene. Besucher können sich von Baum zu Baum hangeln, über Hängebrücken balancieren, an Lianen oder Drahtseilen schwingen bzw. die Seilrutschen benutzen. Der Kinderparcours repräsentiert den geringsten Schwierigkeitsgrad. Da der Park auf 1450 m Höhe liegt, wird es im Winter ziemlich kalt. Die präzise Lage des Areals ist auf der Homepage dargestellt.
Eingang an der LP 301, km 24 (Straße von El Paso nach San Isidro) • Tel. 6 74 19 36 28 • www.acropark.es • Fr–So 10–18 Uhr • Eintritt 6,50–24 €, Sonderpreise für Gruppen

Bootsausflüge mit der Fancy II
▶ S. 120, A/B 9

Der Katamaran Fancy II legt im Hafen von Tazacorte zu einer Rundreise längs der Küste ab. Die Nordroute führt zu zwei Höhlen; an der Playa de la Veta kann man schwimmen oder schnorcheln. Es gibt auch Touren zur Wal- und Delfinbeobachtung, daneben eine Sonnenuntergangsfahrt. Mehrsprachige Besatzung, teils ist die Verpflegung inklusive.
Puerto de Tazacorte • Tel. 9 22 46 25 32, Mobil 6 09 53 13 76 • www.fancy2.com • Ticket 35 €, Kinder 20 €

Casa Federle ▶ S. 117, D 4

Kleine, familienfreundliche Ferien- und Apartmentanlage unter deutscher Leitung. Dazu gehören ein Spielplatz mit Baumhaus, Hühner und andere Tiere, Tischtennis, ein Bio-Garten sowie ein beheiztes Schwimmbad. Die Eigentümer haben selbst Nachwuchs und unterhalten für die Gäste einen Kinderbetreuungsdienst. Zum Komplex zählen drei Apartments.
Los Llanos de Aridane, Camino Campitos 38 • Tel. 9 22 46 32 14 • www.casafederle-lapalma.com

Los-Tilos-Besucherzentrum
▶ S. 117, F 2

Die Informationsstelle erläutert die spezifische Flora und Fauna von Los Tilos, einem als Biosphärenreservat ausgewiesenen Lorbeerwald (▶ S. 85). Viele Fotos seltener Pflanzen und Tiere. Per Knopfdruck können die Stimmen der hiesigen Vögel (Tauben, Bekassinen etc.) aktiviert werden. Diashow nur in Spanisch.
Los Tilos, 1 km südl. von Los Sauces nach Westen; die beschilderte Straße endet nach 2,5 km am Besucherzentrum (Picknickplatz nahebei) • Tel. 9 22 45 12 46 • tgl. 8.45–18 Uhr (häufig wechselnde Besuchszeiten)

Maroparque ▶ S. 118, C 8

Kleiner, engagiert betriebener Tierpark, mehr als 300 Arten sind zu sehen, darunter Kängurus, Papageien, Schlangen, Rehe, Schildkröten, Stachelschweine, Gürteltiere, Affen und Greifvögel. Es gibt begehbare Vogelhäuser und Aquarien mit Fischen aus den Küstengewässern rund um La Palma. Die Installationen erscheinen etwas veraltet, die Käfige nicht immer groß genug. Spezielle Veranstaltungen für Familien mit Kindern.
Breña Alta, Calle La Cuesta 28 • Tel. 9 22 41 77 82 • www.maroparque.com • tgl. 10–18 Uhr • Eintritt 11 €, Kinder 5,50 €

Die palmengesäumte Plaza de San Andrés Apóstol im idyllischen Ostküstenstädtchen San Andrés (▶ S. 83), das zu den ältesten Siedlungen der Insel gehört.

Unterwegs
auf La Palma

Viele Besucher kommen wegen der Strände oder der Naturschönheiten, doch La Palma bietet auch vorzügliche Wanderrouten und idyllische Bergdörfer.

Santa Cruz und der Osten

Prächtige Paläste, Kirchen und schöne Bürgerhäuser mit verzierten Holzbalkonen aus der Blütezeit der Stadt im 16. Jahrhundert haben hier überdauert.

◀ Eine Bronzeplastik mit drei Musikanten ziert die Plaza Vandale in der Altstadt von Santa Cruz (▶ S. 43).

Der Osten der Insel zeigt insgesamt ein angenehmes, sonnenreiches Klima mit weit weniger Trockenheit als etwa der palmerische Süden. Während der Westen La Palmas oft von atlantischen Winden geprägt wird, liegen die Ortschaften des Ostens meist windgeschützt auf Terrassen mit durchweg attraktiven Blicken über das Meer. Je weiter man an der Ostküste gen Norden fährt, desto grüner und vegetationsreicher wird die Landschaft. Hier – vor allem in der Umgebung von Barlovento – kann es nicht selten auch zu Nebel, Regen und stark bewölkten Tagen kommen. Südlich von Santa Cruz hat sich vor allem **Los Cancajos** zu einem Zentrum des touristischen Betriebs entwickelt. Auch die benachbarte Lage des Flughafens hat dies befördert. Richtiger Hochbetrieb herrscht in der Inselhauptstadt **Santa Cruz** nur zur Karnevalszeit oder alle fünf Jahre, wenn die Bajada de la Virgen de las Nieves steigt und eine spektakuläre Prozession durch die Straßen zieht (▶ MERIAN-Tipp, S. 27). Aber ansonsten sind Hektik, Verkehrschaos oder merkantile Betriebsamkeit keine Eigenheiten dieser Stadt. Der Besucher spürt das sogleich und sieht sich zum gemächlichen Schlendern durch die Gassen verführt.

Santa Cruz de La Palma

▶ S. 118, C 8

18 000 Einwohner
Stadtplan ▶ Klappe hinten

Santa Cruz de La Palma, meist nur kurz Santa Cruz genannt, ist zwar nach Los Llanos de Aridane die größte Gemeinde der Insel, dazu Hafenstadt, Sitz der Inselregierung (»Cabildo Insular«) sowie Wirtschafts- und Dienstleistungszentrum, aber erwarten Sie keine urbanen Strukturen einer Metropole. Hier schlägt der Puls einer rechtschaffenen Kleinstadt. Santa Cruz kann eine ganze Reihe von durch Pracht und Herrlichkeit geprägten Adels- und Bürgerhäusern, Kirchen und Klöster aus dem 16. und frühen 17. Jh., einer Epoche wirtschaftlicher Prosperität, aufbieten, hat sich aber inzwischen eher im Takt kultivierter Ruhebedürftigkeit eingerichtet.

Zur Eile besteht hier also in keiner Weise Grund. Ein halber oder ganzer Tag genügt durchaus, um sich den Attraktionen von Santa Cruz zu widmen und sich vom zeitvergessenen Flair anstecken zu lassen. Einige Einkaufsstraßen und hübsch herausgeputzte Gassen, von Palmen flankierte Plätze, eine würdige Uferpromenade, zwei durchweg interessante Museen, eine restaurierte Markthalle aus dem späten 19. Jh. warten auf den Gast. Und dann diese wirklich sehenswerten adeligen, bürgerlichen und kirchlichen Prachtbauten aus der Ära der regen Handelskontakte mit den einstigen Kolonien. Lang, lang ist's her.

Gegründet wurde die Stadt 1493 vom spanischen Eroberer Alonso Fernández de Lugo. Nachdem er die gesamte Insel unter die Herrschaft der spanischen Krone gezwungen hatte, ließ er – damals als Zeichen des siegreichen Christentums durchaus üblich – am Strand von Santa Cruz eine Messe lesen und ein Heiliges Kreuz (spanisch: Santa Cruz) errichten. Daher der Name der Stadt.

Es folgte eine Ära des wirtschaftlichen Aufschwungs, Kaufleute aus Santa Cruz betrieben Handel mit den spanischen Kolonien in Übersee. Insbesondere landwirtschaftliche Erzeugnisse wie Getreide, Obst, Zucker, Käse und Wein, außerdem Tierhäute, Vieh und Holz wurden nach Mittel- und Südamerika exportiert. Einschränkungen gab es beim Handel mit Sklaven, Gold und Silber sowie Waffen und Pferden. Einige Jahrzehnte lang verfügte La Palma über die drittgrößte Handelsflotte des spanischen Weltreichs, denn die Lage am westlichen Rand des kanarischen Archipels erwies sich als besonders verkehrsgünstig. In der Folge steckten die Händler den erworbenen immensen Reichtum in pompöse Bauten.

1553 brannten französische Piraten die Stadt bis auf die Grundmauern nieder, aber schon nach kurzer Zeit setzte sich die Strähne wirtschaftlichen Wohlergehens fort. Erneut entstanden grandiose Prachtgebäude, die meisten Bauten aus dieser Epoche sind heute noch in der Altstadt zu bewundern. Anfang bis Mitte des 17. Jh. endete der Boom, das neue Wirtschaftszentrum der Kanarischen Inseln verlagerte sich nach Teneriffa. Für Santa Cruz de La Palma begann eine Epoche der Stagnation. Erst der aufblühende Tourismus im 20. Jh. bescherte der Hauptstadt neue wirtschaftliche Perspektiven.

SEHENSWERTES
Avenida Marítima
▶ Klappe hinten, d 5/f 1

Längs der heutigen Uferstraße haben einige markante Bürgerhäuser aus dem 16. und 17. Jh. überdauert. Die würdigsten Exemplare findet man zwischen dem Durchbruch zur Placeta de Borrero und der Calle Baltasar Martín. Typisch für diese Häuser sind die schönen hölzernen Balkone. Wobei ersichtlich wird, dass die Fassaden der Bürgerhäuser einst dem Meer abgewandt waren und sich damit ebenso wie die Eingänge auf der Landseite – heute Calle Pérez de Brito – befanden. Die Holzbalkone, viele von ihnen ornamental verziert und über zwei Stockwerke konstruiert, wurden wohl erst später an die Rückseite der Häuser angebaut.

Historisch sind die Holzbalkone als repräsentatives Bauelement auf La Palma bereits seit den ersten Jahren der spanischen Kolonialherrschaft vertreten. Die Konstruktionsvorbilder dieser Balkone stammen angeblich von maurischen Vorlagen aus Andalusien. In ihrer ursprünglichen Bauweise waren die Balkone komplett durch ein feingliedriges Gitterwerk (oft auch mit buntem Glas ausgefüllt) geschlossen. So entstand ein

---

WUSSTEN SIE, DASS ...

... im vergangenen Jahrhundert viele Palmeros aus wirtschaftlichen Gründen nach Kuba oder Venezuela auswandern mussten? Die Beziehungen zu den dortigen Verwandten werden bis auf den heutigen Tag gepflegt.

schattiger, luftiger Wirtschaftsraum, in dem Getreide, Trinkwasser und andere Vorräte gut gelagert werden konnten. Die Balkone erfuhren später durch portugiesische Einwanderer auf La Palma die eine oder andere stilistische Bereicherung. Heutzutage sind die Sprossenfenster zumeist weiß und die Balkonkonstruktionen grün gestrichen.

Casa Salazar

▸ Klappe hinten, c/d 4/5

Außer dem Rathaus gilt die Casa Salazar als bedeutendstes historisches Zivilgebäude von Santa Cruz. Das inzwischen komplett restaurierte Bauwerk steht zusammen mit anderen historischen Bürgerhäusern und Adelspalästen an der stets belebten Geschäfts- und Einkaufsstraße, die die Plaza de la Constitución mit der Plaza de la Alameda verbindet und ehemals Calle Real hieß. Heute heißt sie in ihrem südlichen Abschnitt – wo sich auch die Casa Salazar befindet – Calle O'Daly, benannt nach einem irischen Kaufmann, der einst beachtliche Landgüter auf La Palma besaß. Der nördliche Abschnitt nennt sich inzwischen Calle Pérez de Brito. Die Casa Salazar wurde im 17. Jh. im Auftrag des Ritters des Ordens von Calatrava, Don Ventura Salazar de Frias (1601–1669), errichtet. Die noble, nicht übermäßig verzierte Fassade besteht aus Natursteinblöcken, ein Baumaterial, das sich im 17. Jh. nur sehr wohlhabende Familien leisten konnten. Das Eingangsportal wird von Säulen flankiert. Darüber ist das Wappen der Familie Salazar zu erkennen. Es trägt die Inschrift »Soli Deo sit gloria« (allein Gott sei Ehr).
Zum Inneren des beeindruckenden Palastgebäudes zählen ein stilvoller Innenhof, diverse Balustraden und schöne Holzdecken. In den rückwärtig gelegenen Räumlichkeiten finden gelegentlich Ausstellungen und andere Kulturveranstaltungen statt.
Calle O'Daly 18 ▪ Mo–Fr 10–13, 17–19, Sa 10.30–13 Uhr

Casas Consistoriales

▸ Klappe hinten, d 4

Das heutige Rathaus (»ayuntamiento«) stammt aus der Mitte des 16. Jh. (1559–1563) und gilt als der bedeutendste historische Profanbau von Santa Cruz. Es zeigt interessante Stilelemente des platereksen Stils, einer besonders ornamental verspielten, typisch spanischen Variante der Renaissance. Angeblich wurde das Bauwerk zum Teil aus Mitteln finanziert, die der spanische König Felipe II als Bußgelder eingetrieben hatte.
Der rundweg ansehnliche Bau besteht aus zwei Etagen. Die untere zeigt in der Fassade schöne Rundbogenarkaden und eine schattige Vorhalle. Die Fassade im ersten Geschoss wird durch zwei Bogenfenster und rechts daneben zwei rechteckige Fenster geprägt. Dazwischen erkennt man das in Stein gemeißelte Wappen der Habsburger mit dem doppelköpfigen Adler und den Säulen des Herkules. Zwischen den Bogenfenstern prangt das Wappen des spanischen Königs Felipe II, der ebenfalls aus der Dynastie der Habsburger stammte. Zwischen den beiden rechteckigen Fenstern befindet sich das Wappen der Insel La Palma.
Eine bemerkenswerte Kostbarkeit im Treppenhaus sind die expressiven **Wandgemälde**, die von dem kanarischen Maler Mariano de Cossío (1890–1960) geschaffen wurden. Sie bilden verschiedene Aspekte aus dem

Landleben, wie es um das Jahr 1900 auf La Palma üblich war, ab. Die in kräftigen, erdbetonten Farben gehaltenen Malereien zeigen Bäuerinnen und Bauern bei der Arbeit, einen Weinbauern beim Keltern von Wein, Landarbeiter beim Transport von Lasten, einen Landwirt, der mit Ochsen ein Feld umpflügt, Seefahrer beim Abschied etc. Darüber hinaus ist das Treppenhaus mit einer kostbaren hölzernen **Kassettendecke** im Mudéjar-Stil geschmückt.

Zum Sitzungssaal des Stadtrats (in der ersten Etage) führt eine kunstvoll aus dem Holz der Kanarischen Kiefer gearbeitete Treppe. Im Erdgeschoss tagte zu früheren Zeiten das Gericht, nahebei soll sich der Kerker befunden haben. Heute birgt das Rathaus ein wertvolles Archiv, in dem sich Dokumente der Stadtgeschichte befinden sollen, die bis ins Jahr 1553 zurückreichen. Angeblich war die Stadtverwaltung von Santa Cruz 1773 die erste, die in Spanien auf demokratische Weise gewählt wurde.
Calle O'Daly/Plaza de España • Öffnungszeiten für Besucher Mo–Fr 8–14 Uhr

Castillo de Santa Catalina
▶ Klappe hinten, f 2

Eine monumentale Festung, die bis ins 18. Jh. hinein als Bastion zur Abwehr von Seeräubern genutzt wurde. Das Kastell in seiner heutigen Form stammt aus der zweiten Hälfte des 17. Jh. Der sternförmige Grundriss geht zurück auf architektonische Konzepte italienischer Festungsbaumeister der damaligen Zeit. Errichtet wurde die Anlage – ehemals auch als **Castillo Real** (Königliche Festung) bezeichnet – aus Steuermitteln mit Genehmigung von Kaiser Karl V. und später seines Sohnes Felipe II. Der gesamte Bau – der letzte übrig

Ein schmuckes Kleinod aus dem 16. Jahrhundert: Die Erlöserkirche El Salvador (▶ S. 47) wartet mit einer eindrucksvollen hölzernen Kassettendecke im Mudéjar-Stil auf.

gebliebene einer komplexen Wehranlage an der Küste von Santa Cruz – steht seit dem Jahr 1951 unter Denkmalschutz und kann in seinem Inneren nicht besichtigt werden.
Avenida Marítima

Convento de Santo Domingo
▶ Klappe hinten, c 4

In den Räumlichkeiten des im 16. Jh. gegründeten Dominikanerklosters ist heute ein Gymnasium untergebracht. Die angrenzende Klosterkirche **San Miguel de las Victorias** (Heiliger Michael der siegreichen Schlachten) hat ihren Namen von einer kleinen Kapelle, die der Eroberer La Palmas, Don Alonso Fernández de Lugo, für die spanische Krone an dieser Stelle erbauen ließ.

Die Kirche birgt im Inneren einige herausragende Kunstschätze. Dazu zählen vergoldete Barockaltäre und kunstfertig verzierte Holzdecken im Mudéjar-Stil, vor allem aber eine beträchtliche Sammlung von flämischen Tafelbildern. Eigentümer dieser Bilder soll einst der aus Flandern stammende Kaufmann Luis van de Walle gewesen sein, der die Kunstwerke im 16. Jh. in seine Residenz nach La Palma bringen ließ. Die bemerkenswertesten Bilder in dieser Sammlung wurden von dem aus Brügge bzw. Brüssel stammenden Maler Pieter Pourbus (Pierre Bourbus; 1523–1548) sowie von Ambrosius Francken (1544–1618) geschaffen. Von ihm stammt auch eine beeindruckende, italienisch beeinflusste Darstellung des Letzten Abendmahls. In keiner anderen Kirche des kanarischen Archipels ist eine umfassendere Sammlung an flämischen Tafelbildern zu bestaunen.
Plaza de Santo Domingo

Iglesia El Salvador
▶ Klappe hinten, d 4

Die Erlöserkirche erhebt sich an der Nordseite der Plaza de España gegenüber dem Rathaus. Der ursprüngliche Kirchenbau an dieser Stelle wurde 1553 durch Piraten nahezu komplett zerstört, danach aber in mehreren Bauphasen wieder aufgebaut. Sehenswert ist zunächst das 1585 fertiggestellte Portal der Kirche, das von Kunsthistorikern vielfach als das stilreinste Renaissanceportal der gesamten Kanarischen Inseln bezeichnet wird. Zwei Doppelsäulen tragen einen dreieckigen Giebelaufsatz. Darüber erheben sich drei verzierte Pilaster, auf dem mittleren steht die Figur des Heilands mit der Weltkugel.

Ausgesprochen bedeutend sind die Kostbarkeiten im Inneren der dreischiffigen Pfarrkirche von Santa Cruz. Dazu zählt zunächst die prachtvolle, im Mudéjar-Stil konstruierte **Holzdecke**, deren Bemalung jedoch erheblich jünger ist und wohl aus dem Ende des 19. Jh. stammt.

Sehenswert ist auch die Rückwand des Altars mit einem Gemälde des aus Sevilla stammenden Meisters Antonio María Esquivel (1806–1857). Sein Motiv ist die Verklärung Christi auf dem Berge. Eine große bildhauerische Attraktion, die Anfang des 16. Jh. aus Flandern eingeführt wurde, birgt der zweite Altar des südlichen Seitenschiffs.

Hier ist eine sehr originell konzipierte Kreuzigungsgruppe zu sehen, die als **El Cristo de los Mulatos** (Christus der Mulatten) bezeichnet wird. Der Name geht zurück auf eine Bruderschaft farbiger Sklaven, die sich 1708 unter den Schutz der Kreuzigungsgruppe begab. Ebenfalls interessant ist die von dem Bildhauer Fernando

Estévez aus Teneriffa stammende Christusfigur im linken Seitenschiff.
Plaza de España

Iglesia de San Francisco
▸ Klappe hinten, e 2

Das Gotteshaus ist die Klosterkirche des im 16. Jh. gegründeten Klosters Convento de San Francisco de Asís. Wesentliche Teile der Kirche wurden im 16. Jh. von reichen palmerischen Plantagenbesitzern wie etwa Jacob Grünenberg (der aus Köln stammte und sich später auf La Palma Jácomo de Monteverde nannte) gestiftet.

Zu den herausragenden Kostbarkeiten im Inneren der Klosterkirche zählen der barocke Hauptaltar mit einer spätgotischen, aus dem 16. Jh. stammenden Statue der Jungfrau der Unbefleckten Empfängnis. In den Kapellen befinden sich weitere wertvolle Statuen, darunter ein »Bildnis des gestürzten Herrn« aus der Schule von Sevilla (18. Jh.), eine Figur des San Antonio de Padua und eine schöne Statuengruppe (16. Jh.) der hl. Anna und der Jungfrau mit dem Kinde. Beachtenswert ist auch die holzgeschnitzte Mudéjar-Decke in der Kuppel über dem Altarraum.
Plaza de San Francisco

Plaza de España
▸ Klappe hinten, d 4

Der fast dreieckige, von hohen Palmen und historischen Gebäuden eingefasste Platz an der Calle O'Daly war über Jahrhunderte hinweg der Mittelpunkt der Stadt und ist auch heute noch ein bedeutendes Zentrum des öffentlichen Lebens. Das gesamte Platzensemble gilt als das kompakteste und schönste der ganzen Insel. Am Rande des Platzes befindet sich eine aus dem 16. Jh. stammende Brunnenanlage, die im palmerischen Volksmund als »La Pila« (Wassertrog) bezeichnet wird und an der die Bevölkerung ehemals ihr Trinkwasser holte. Den Brunnen ziert eine schmucke Steinmetzarbeit aus der Renaissance; sie zeigt das Wappen La Palmas mit dem hl. Michael, dem Schutzheiligen der Insel, und rechts daneben das Wappen des Gouverneurs Jerónimo de Salazar. Unter seiner Regierung wurde einst die sehenswerte Brunnenanlage errichtet.

In der Mitte des Platzes, direkt gegenüber des Portals der Iglesia de San Salvador, erhebt sich ein Denkmal mit der **Statue des Pfarrers Manuel Díaz Hernández** (1774–1863). Er war Pfarrer in Santa Cruz, stritt für die Umsetzung der liberalen spanischen Verfassung von 1820 und gründete eine Schule, die Kindern aller Schichten zugänglich war. Die Bronzebüste wurde 1895 von Freimaurern, die im gesellschaftlichen Leben von Santa Cruz stets für Fortschritt und soziale Besserstellung stritten, bei dem katalanischen Künstler José Monserrat in Auftrag gegeben. Am Steinsockel des Monuments erkennt man auf der Rückseite einen Pelikan mit seinen Jungen, ein Symbol des Freimaurertums.

MUSEEN
Museo Insular
▸ Klappe hinten, e 2

Die stattliche, sich mehreren Themenbereichen widmende Sammlung ist in einem restaurierten historischen Gebäudeteil des Klosters San Francisco untergebracht. Die Ausstellungsräumlichkeiten – 1985 eingeweiht – gruppieren sich auf zwei Stockwerken um einen prächtigen Innenhof. Die Exponate im Erdge-

Ein schöner, maurisch anmutender Kiosk lädt in der Mitte der von Lorbeerbäumen beschatteten Plaza de la Alameda (▶ S. 51) zum Verweilen ein.

schoss widmen sich vornehmlich der Besiedlungs- und Naturgeschichte La Palmas. Eine Abteilung zeigt Muscheln aus aller Welt, darunter auch interessante Funde von den Kanarischen Inseln und dem spanischen Festland. In einem Nebenraum sind archäologische Artefakte (Werkzeuge, Keramik, Schmuck, Objekte aus Grabstätten, Skelettreste etc.) der kanarischen Ureinwohner zu sehen.

Ein weiterer Raum ist angefüllt mit ausgestopften und präparierten Land- und Seetieren der Insel, wie Vögel, Schildkröten, Krebse, Langusten, Hummer, Fische, Robben und andere Säugetiere (kurios: eine Ziege mit zwei Köpfen). Ergänzt wird die Sammlung durch Gesteine und Mineralien La Palmas. In einem angrenzenden Raum sind außerdem historische Schiffsmodelle, Zeichnungen und Gemälde aus der Vergangenheit La Palmas ausgestellt.

Hinauf in die erste Etage: Hier sind zunächst Gebrauchsinstrumente aus

> **WUSSTEN SIE, DASS …**
>
> … La Palma die einzige der Kanarischen Inseln ist, auf der Zigarren in Handarbeit gefertigt werden? Allerdings ist die Menge des angebauten Zigarrentabaks relativ gering. Er wird zumeist in der Gegend von Breña Alta kultiviert.

dem Landleben der Insel im Original zu bestaunen: Dreschbretter, Äxte, Sicheln, Pflüge und hölzerne Joche, handgearbeitete Weinfässer, geflochtene Behälter, Bauernmöbel, Musikinstrumente, Trachten. Eine Vielzahl von historischen Objekten erläutert diverse typisch palmerische Wirtschaftszweige wie die Käse-, Zigarren- und Textilherstellung.

In einem gesonderten Raum zeigen Arbeitsproben, Werkzeuge und Fotos den Herstellungsprozess von Seide – in früherer Zeit ein viel beachteter Wirtschaftszweig auf der Insel.

Zum Museum zählt auch eine Abteilung mit Gemälden unterschiedlicher Provenienz und Qualität. Kurios: ein pathetisches Franco-Porträt von Gregorio Toledo. Wer eher eine künstlerische Delikatesse sucht, wird überrascht sein, dass sich hier ein zwar kleines, aber sehr stimmungsvolles Meisterstück (»Playa de Valencia«) von Joaquin Sorolla (1863–1923) befindet, das dem hiesigen Museum vom Museo de Arte Moderno in Madrid vermacht wurde. Einziger Nachteil dieses ansonsten sehr interessanten Museums: Alle Erklärungen werden fast rundweg in Spanisch (z. T. auch in Englisch) gegeben.

Plaza de San Francisco (Eingang versteckt unterhalb des Glockenturms) • Juli–Sept. Mo–Sa 9–18, Okt.–Juni Mo–Sa 10–20, So 10–14 Uhr • Eintritt 4 €

Die Skulptur »Al Enano de la Virgen« begrüßt die Besucher des Museo Naval (▶ S. 51), das in einem Nachbau von Kolumbus' Flaggschiff »Santa María« untergebracht ist.

Museo Naval ⚓

▶ Klappe hinten, e 1

Die Sammlung, die sich der Geschichte der Schifffahrt widmet, ist in einem an Land postierten Schiff untergebracht. Es ist äußerlich der berühmten »Santa María« nachempfunden, mit der Christoph Kolumbus im Jahr 1492 Amerika für die Europäer entdeckte. Kolumbus weilte persönlich allerdings niemals auf La Palma. Im Inneren des 1940 aus Beton erbauten und anschließend angemalten Schiffs sind im Erdgeschoss nautische Instrumente, historische Schiffsmodelle und zahlreiche Seekarten zu sehen, die aber leider in einem nicht sonderlich gepflegten Zustand präsentiert werden. Besonders interessant ist eine Karte, auf der die Umrisse von Teneriffa zu sehen sind und die 1838 von dem Kapitän A. T. E. Vidal angefertigt wurde.

In der ersten Etage sind präparierte Fische und zahlreiche Fachbücher über die Seefahrt versammelt. Besucher können auch auf das Oberdeck des Schiffs hinausgehen. Von hier bietet sich ein reizvoller Blick auf die Plaza de la Alameda. An der Kasse des Museums ist ein kleiner, kostenloser Prospekt über die Geschichte des Museums in deutscher Sprache erhältlich. Einzelerklärungen im Museum leider nur in Spanisch.

Avenida de las Nieves/Plaza de la Alameda • Mo–Fr 10–14, 16–20 Uhr • Eintritt 1,80 €, Kinder frei

SPAZIERGANG

Stadtplan ▶ Klappe hinten

Beginnen wir unseren Spaziergang an der **Plaza de la Constitución**, dem verkehrsreichsten, tagsüber stets belebten Platz der Stadt. Wir schlendern zunächst von der Plaza de la Constitución aus über die Uferpromenade Avenida Marítima, erst an Souvenirwarenläden, Cafés und Bars, schließlich an den schönen Bürgerhäusern mit ihren alten, würdigen Holzbalkonen entlang.

Weiter führt der Weg nun am wuchtigen **Castillo de Santa Catalina** vorbei bis zum Barranco de las Nieves, wo wir ein kurzes Wegstück links einbiegen und sogleich die Nachbildung von Christoph Kolumbus' historischem Flaggschiff »Santa María« erblicken, in dem heute das **Schifffahrtsmuseum** (▶ Museo Naval, S. 51) untergebracht ist, das einen Besuch lohnt.

Jetzt flanieren wir mehr oder weniger parallel zur Avenida Marítima zurück, überqueren die schattige **Plaza de la Alameda**, an die das monumentale Bauwerk des **Klosters San Francisco** angrenzt. Im rückwärtigen Teil des Klostergebäudes befindet sich der Eingang zum sehenswerten **Museo Insular** (▶ S. 48), dem bedeutendsten Museum von Santa Cruz de La Palma. Über die Calle Pérez de Brito gelangen wir an der **Placeta de Borrero** und am Casino vorbei bis zur Avenida del Puente.

Auf ihr biegen wir für ein kurzes Stück rechts ab und erreichen nach ungefähr 100 m den **Mercado**, die in jüngster Zeit komplett restaurierte Markthalle, wo vor allem vormittags, wenn hier Obst und Gemüse, Käse, Fleisch, Fisch und andere Lebensmittel zum Verkauf angeboten werden, ein kleiner Rundgang lohnt.

Nun geht es auf der Avenida del Puente wieder ein kleines Wegstück zurück (Richtung Avenida Marítima), um dann sehr bald rechts in die Calle O'Daly, die belebteste Einkaufs- und Fußgängermeile von Santa Cruz, einzubiegen. Unmittelbar rechts auf dieser Straße befindet sich die Kirche **El Salvador**, in deren Innenraum verschiedene Gemälde und Skulpturen aus dem 16. Jh. sowie eine kostbare Deckenverzierung im Mudéjar-Stil zu besichtigen sind.

Vor der Kirche erstreckt sich die wunderschöne, von Palmen und historischen Gebäuden flankierte **Plaza de España**. Gegenüber liegt das **Rathaus** (Casas Consistoriales) mit seinen Rundbogenarkaden und einer reich mit Steinmetzarbeiten verzierten Fassade. Wir schlendern weiter die Calle O'Daly hinunter und erreichen schließlich wieder die Plaza de la Constitución, wo unser Spaziergang dort endet, wo er begonnen hat.
Dauer: ca. halber Tag

MERIAN-Tipp 3

CASA VICTORIA ▸ S. 119, D 7

Eine überzeugende Alternative zu einem Stadthotel. Etwa 7 Autominuten nordöstlich von Santa Cruz bei Tenagua gelegenes, privat vermietetes Ferienhaus. Grandiose, ruhige Lage direkt über der Steilküste mit Blick aufs Meer. Kultivierte Einrichtung mit bequemen Möbeln, Küche, Schlafzimmer, Bad, Wohnzimmer, Terrasse. 15 Min. bis zum Strand und 10 Min. zum nächsten Supermarkt. Behagliche Atmosphäre und guter Ausgangspunkt für Wanderungen ins Gebirge. Mindestbuchung vier Übernachtungen. Man spricht Deutsch, Niederländisch und Englisch.
Tenagua/Puntallana • www.isla lapalma.com/victoria/de.html • 1 Bungalow • €/€€

ÜBERNACHTEN

Castillete ▸ Klappe hinten, f 1/2

Zentrale Lage am Meer • Es werden Apartments, Studios und Doppelzimmer vermietet, die zur Straße gelegenen Unterkünfte verfügen über Meerblick. Moderne Ausstattung mit Restaurant, Bar, Dachterrasse.
Avenida Marítima 78 • Tel. 9 22 42 08 40, 9 22 42 00 54 • www.oasis-la-palma.com • 36 Zimmer • • €€

Canarias ▸ Klappe hinten, c 4

Einfach und preiswert • Zwei-Sterne-Hostal in der Altstadt. Ruhige Lage. Blitzsaubere, mit alten Bauernmöbeln eingerichtete, bisweilen wenig helle Zimmer; großzügige Bäder.
Avenida Cabrero Pinto 27 • Tel. 9 22 41 31 82 • 14 Zimmer • ♿ • €/€€

Galeón ▸ Klappe hinten, b 6

Ruhige Lage • Engagiert geführtes Aparthotel oberhalb von Altstadt und Hafen. Moderne Ausstattung. Apartments in unterschiedlicher Größe und Preislage. Schöner Blick auf den Hafen. Gratis-Parkplätze. Freundlicher Service. Der Gast erhält auch nützliche touristische Infos.
Carretera El Galeón 10 • Tel. 9 22 71 53 53, 9 22 41 10 00 • 25 Apartments • €/€€

La Fuente ▸ Klappe hinten, e 3

Individuell und zentral • Die Lokalität vermietet neun Apartments. Alle Einheiten sind mit Küche, Schlaf-, Wohn- und Badezimmer ausgestattet. Es werden außerdem restaurierte Stadthäuser in anderen Lagen von Santa Cruz angeboten. Freundlicher Service, die Besitzer sprechen auch Deutsch.
Calle A. Pérez de Brito 49 • Tel. 9 22 41 56 36 • www.la-fuente.com • €/€€

La Cubana ▶ Klappe hinten, e 5

Günstige Preise • Kleine, zentral ca. 50 m vom Postgebäude entfernt gelegene Pension in der belebten Calle O'Daly. Das typische, rund 200 Jahre alte Herrenhaus im kanarischen Stil wurde restauriert. Die Zimmer sind einfach (teilweise mit antiken Traditionsmöbeln) ausgestattet. Keine besonderen Extras, aber angemessenes Preis-Leistungs-Verhältnis. Zwei Badezimmer. Der Besitzer, dem auch das La Fuente gehört, spricht Deutsch.
Calle O'Daly 24 • Tel. 9 22 41 13 54 • www.la-fuente.com • 12 Zimmer • €

ESSEN UND TRINKEN
Chipi-Chipi
▶ Klappe hinten, westl. a 4

Deftige Hausmannskost • Außerhalb des Zentrums an der Straße von Las Nieves zum Mirador de la Concepción. Rustikales Ambiente, schöner Garten. Kanarische Spezialitäten, viel Fleisch (Zicklein, Schwein, Kalb, Kaninchen) vom Grill, dazu leckere Kichererbsengerichte, Suppen und typisch palmerische Desserts.
Verhoco 42 • Tel. 9 22 41 10 24 • Mi, So geschl. • €

La Bodeguita del Medio
▶ Klappe hinten, d 5

Gesellige Atmosphäre • Kleine, bei Einheimischen beliebte Bar bzw. Taverne in der Altstadt. Man genießt solide Tapas, hausgemachte Gerichte, luftgetrockneten Schinken, »queso manchego«, und es lockt eine beachtliche Weinauswahl. Nur mittags und abends geöffnet. Eine Örtlichkeit, wo man in gemütlicher Atmosphäre das eine oder andere Glas Wein und eine delikate Tapa genießen kann. Gelegentlich Livemusik.
Calle de Álvarez Abreu 58 • €

WUSSTEN SIE, DASS ...
... die Ureinwohner den harzigen Saft des Drachenbaums als Medizin benutzten? Angeblich kurierte er Tuberkulose und Verdauungsprobleme und beugte Zahnausfall vor. Mit seiner roten Farbe wurden außerdem Textilien gefärbt.

Las Nieves
▶ Klappe hinten, nördl. d 1

Populär und rustikal • Volkstümliches Ausflugslokal außerhalb des Zentrums direkt neben der Wallfahrtskirche von Las Nieves. An Wochenenden häufig sehr voll. Üppig bemessene Fleischgerichte.
Las Nieves • Tel. 9 22 41 66 00 • €

The Lab Beach ▶ Klappe hinten, e 3

In Strandnähe • Bar und Restaurant für ein zumeist junges, modern gesinntes Publikum. Originelle Deko mit orientalischen Motiven. Traditionelle kanarische Gerichte, aber vornehmlich eigene, an internationalen Spezialitäten ausgerichtete Rezepte. Auch Sushi. Viel Szene-Publikum, angemessene Preise.
Avenida Marítima 55 • Tel. 9 22 08 83 00 • Mo geschl. • €

EINKAUFEN
HierbaBuena
▶ grüner reisen, S. 19

La Molina Artesanía
▶ Klappe hinten, d 4

Ambitioniertes Angebot an palmerischem Handwerk, Souvenirs und hochwertigen kulinarischen Spezialitäten. Erlesene Weine, Liköre, Käse, Tee, Kaffee, Honig, Süßwaren, Zigarren. Schöne Objekte von lokalen Kunsthandwerkern. In einem Ne-

MERIAN-Tipp

ENRICLAI ▶ Klappe hinten, d 3
Restaurant hinter der Markthalle mit interessantem Angebot an herzhaften Suppen, Salaten, Fisch- und Gemüsegerichten. Anspruchsvolle Hausmannskost, wechselnde Tagesgerichte. Das Lokal wird gerühmt für seine Speisen, die stets aus frischen Zutaten zubereitet werden. Zwar gibt es mit nur vier Tischen wenig Platz, doch das kulinarische Niveau ist überzeugend. Eine Reservierung ist ratsam.
Santa Cruz, Calle Doctor Santos Abreu 2 • Mobil 6 80 20 32 90, 6 87 37 14 53 • 12.30–15, 19.30–22.30 Uhr, Mo vormittags und So geschl. • €

benraum finden Kunstausstellungen statt. Auffallend engagiert geführt.
Calle O'Daly 17 • Tel. 9 22 41 02 68 • www.lamolinartesania.com • Mo–Sa 9.30–20.30, So 9.30–14 Uhr

Mercadillo de Santa Cruz de la Palma ▶ Klappe hinten, südl. b 6
Auch Rastro genannter Flohmarkt mit Secondhand, Hausrat, Schmuck, Handwerkskunst, aber auch Getränke und kulinarische Spezialitäten.
Aparcamientos (Parkplätze) de la Marina • 1. und 3. So im Monat 9–14 Uhr

Mercado ▶ Klappe hinten, d 3
Restaurierte Markthalle im Zentrum. An Werktagen bekommt man vormittags Obst und Gemüse, Trockenfrüchte, Fleisch, Fisch, geräucherten Ziegenkäse, diverse »mojos«, Honig, Safran, Mandeln, Avocados etc.
Avenida del Puente • tgl. 7–14 Uhr

AM ABEND
La Placeta ▶ Klappe hinten, e 3
Bar (und Restaurant) unter sympathischer Leitung direkt im Zentrum. Breites Angebot an Spirituosen und Weinen, Nouvelle-Cuisine-Speisen, aber auch traditionelle Gerichte. Gemischtes Publikum. Auch tagsüber geöffnet.
Placeta de Borrero 1 • So geschl.

SERVICE
AUSKUNFT
Fremdenverkehrsbüro
▶ Klappe hinten, c 5
Avenida Blas Pérez González s/n • Tel. 9 22 41 21 06 • www.visitlapalma.es

POLIZEI
Guardia Civil
Tel. 9 22 41 11 84

VERKEHR
Flughafen
Tel. 9 22 42 61 00

Ziele in der Umgebung
◎ **Breña Alta** ▶ S. 118, C 8
7250 Einwohner
Wie die Nachbargemeinde Breña Baja liegt Breña Alta wenige Kilometer südlich der Hauptstadt Santa Cruz in einer Höhe zwischen 300 und 400 m am Hang oberhalb der Küste. Das Klima hier oben zeichnet sich durch viel Wärme und eine gleichmäßige Feuchtigkeit aus, die von den Passatwolken herbeigebracht wird. Wegen dieses angenehmen, stets luftigen und frischen Klimas haben viele Palmeros, die in Santa Cruz arbeiten, lieber hier als in der Hauptstadt ihr Quartier aufgeschlagen. Einige teilweise viele Jahrzehnte alte Villen und pompöse Gartenanlagen zeugen davon, dass dies auch in früherer Zeit

schon ein bevorzugter Wohnort der begüterten Kreise war.

Breña Alta verteilt sich auf mehrere Siedlungen, Verwaltungs- und Einkaufszentrum ist der Ortsteil **San Pedro**. Hier steht auch die im 16. Jh. zum ersten Mal erwähnte Pfarrkirche San Pedro Apóstol. San Pedro ist heute das Zentrum La Palmas für die Herstellung von handgedrehten Zigarren. Hier und in der näheren Umgebung kann man noch einige Werkstätten finden, in denen die Zigarren ganz oder zumindest teilweise aus palmerischem Tabak gerollt werden. Südlich von San Pedro im Ortsteil **San Isidro** stehen als Teil einer Gartenanlage die beiden berühmten Zwillingsdrachenbäume (»Dragos gemelos«). Sie sind jeweils 15 m hoch und gewiss mehrere hundert Jahre alt. 8 km südwestl. von Santa Cruz

ÜBERNACHTEN
Miranda
Gepflegte Apartments • Kleinere Apartmentanlage inmitten eines angenehmen Gartens. Schwimmbad, geschmackvoll eingerichtete Zimmer. Freundliche deutsche Leitung, viele Stammgäste. Rechtzeitig reservieren!
Carretera General El Zumacal 83 • Tel. 9 22 43 42 95 • www.apartments miranda.com • Rezeption: Mo–Fr 9–11 Uhr • 8 Apartments • €€

ESSEN UND TRINKEN
Casa Osmunda
▶ MERIAN-Tipp, S. 15

Las Tres Chimeneas
Deftiges vom Grill • Fisch- und Fleischgerichte, kanarische und internationale Spezialitäten. Gelegentlich an Wochenenden großer Rummel. Das Restaurant wurde zwar mehrfach mit Auszeichnungen bedacht, die kulinarischen Leistungen überzeugen allerdings nicht immer.
Buenavista de Arriba (oberhalb des alten Flughafens) • Tel. 9 22 41 21 84 • Di geschl. • Reservierung ratsam • €€

EINKAUFEN
Carmen María García Concepción
Handgefertigte Palmflechtarbeiten zu günstigen Preisen.
Calle El Molino 17 (San Pedro) • Tel. 9 22 43 74 63

Von Hand gerollte Zigarren sind ein exklusives Mitbringsel aus La Palma.

El Rubio
Eigene Kultivierung von Tabak und Herstellung von Zigarren, die in einem kleinen Laden verkauft werden. Auch Pfeifen werden angeboten. Fachkundige Beratung und anspruchsvolles Sortiment.
Calle 30 de Mayo 10 (San Pedro) • Tel. 9 22 43 70 67 • www.tabacos elrubio.com

Im Sommer hat man nur selten das Glück, an der Playa de Los Cancajos (▶ S. 57) – dem bedeutendsten Urlauberzentrum La Palmas – so wenige Badegäste vorzufinden.

Ignacio Rodríguez Concepción
Handgedrehte Zigarren.
Camino del Brezal 212 •
Tel. 9 22 43 43 45

◎ **Breña Baja** ▶ S. 121, E 9
6600 Einwohner

Die Flächengemeinde liegt auf einer Höhe zwischen 150 und 300 m über dem Meer verstreut am Hang. Verwaltungszentrum ist der Ortsteil **San José**, wirtschaftlich bedeutender ist indes der nahe der Küstenstraße gelegene Ortsteil **San Antonio**. In Breña Baja leben viele Pendler, die tagsüber in Santa Cruz arbeiten. Auch zahlreiche Ausländer haben sich an diesem sonnenverwöhnten Hang oberhalb der Ostküste niedergelassen. Einziges historisches Gebäude von Rang ist die größtenteils aus dem 18. Jh. stammende Pfarrkirche San José de Breña Baja im Ortsteil San José.
6 km südl. von Santa Cruz

ÜBERNACHTEN
Parador de La Palma

Kultiviertes Ambiente • Das 1999 eingeweihte Parador-Hotel liegt nahe dem Flughafen El Zumacal inmitten einer reizvollen Naturlandschaft. Der Neubau besitzt Elemente des typisch kanarischen Traditionsstils. Großzügige Gartenanlage mit vielen einheimischen Pflanzen und Bäumen. Pool, Sauna, Bar, angeschlossen ist auch ein Restaurant, in dem kanarische Spezialitäten serviert werden.
El Zumacal • Tel. 9 22 43 58 28 • www.parador.es bzw. www.paradores.de
78 Zimmer • ♿ • €€

Vista Bella

Bei Deutschen beliebt • Mehrere gepflegte Apartments, alle rund 300 m über dem Meer am Hang gelegen. Üppiger, mit Sorgfalt betreuter Garten, Pool, Tennisplatz. Von den Balkonen des Hauses eröffnet sich ein

imposanter Blick auf den gesamten Küstenbereich und die Berge. Deutsche Leitung, viele Stammgäste. Kooperation mit deutschen Agenturen.
San José, La Polvacera 312 • Tel. 9 22 43 49 75 • www.la-palma.de/vistabella • 9 Apartments • €€

SERVICE
AUSKUNFT
Fremdenverkehrsbüro
Los Cancajos 34, Breña Baja • Tel. 9 22 18 13 54

◎ Los Cancajos ▶ S. 121, E 9

Zwischen dem Flughafen und Santa Cruz gelegenes Urlauberzentrum – das mit Abstand bedeutendste und größte an der palmerischen Ostküste. Seit Mitte der Achtzigerjahre entstand unterhalb von Breña Baja nahe einer ehemaligen Saline ein touristisches Ballungsgebiet aus Apartment- und Hotelanlagen, Restaurants, Ladenlokalen, Discos, Bars und Cafeterias. Es wurde eine Strandpromenade angelegt, während der Strand selbst verbreitert und mit Wellenbrechern aus Beton versehen wurde. Los Cancajos ist wegen seines geschützten Strandes auch als Urlaubsort für Familien mit Kindern geeignet. Wer Bade-, Erholungs- und Unterhaltungsbedürfnisse befriedigen will, ist hier richtig. Wer sich auch für das Inselleben interessiert, wird aber gewiss nicht seinen gesamten Urlaub in Los Cancajos verbringen. Es bestehen regelmäßige Busverbindungen mit Santa Cruz und dem Flughafen.
5 km südl. von Santa Cruz

ÜBERNACHTEN
Taburiente Playa
Umfassender Service • Großhotel der Vier-Sterne-Kategorie. Überdachter Innenhof mit künstlichem Wasserfall. Daneben Pools, Fitnesscenter, Sauna, Bar, Restaurant. Komfortabel eingerichtete Unterkünfte (viele mit Meerblick) für ein anspruchsvolles Publikum. Beliebt bei Pauschaltouristen. Günstige Lage in der Nachbarschaft zum Strand. Das bedeutendste Hotel an der gesamten Ostküste.
Playa de los Cancajos • Tel. 9 22 18 12 77 • www.hotasa.es • 292 Zimmer • €€€

Hacienda San Jorge
Originelle Bauweise • Die komfortabelste Apartmentanlage am Strand von Los Cancajos. Der Komplex wurde maßgeblich vom palmerischen Künstler Facundo Fierro entworfen und verfügt über einen riesigen Meerwasserpool, Whirlpools, Sauna, Fitnesscenter, Restaurant mit Panoramablick, Bar, Konferenzsaal, Läden und einen gepflegten Garten mit vielen subtropischen Gewächsen. Die Apartments zeigen Stilelemente der kanarischen Architektur, sind unterschiedlich ausgestattet und insgesamt gut in die Gesamtanlage integriert. Vermittlung von Mietwagen sowie Wandertouren (Alpinschule Innsbruck). Drei Sterne, mehrfach mit Preisen ausgezeichnet.
Playa de los Cancajos • Tel. 9 22 18 10 66 • www.hsanjorge.com • 155 Apartments • ♿ • €€

Lago Azul
Kosmopolitische Klientel • In der Nachbarschaft der ehemaligen Saline (die zu besichtigenden Reste gehen bis auf das Jahr 1725 zurück) gelegene Apartmentanlage unter Leitung einer touristischen Agentur. Hier steigen viele ausländische Pauschaltouristen ab. Die Gärten sind ge-

pflegt, der Service ist professionell. Pool und Disco sind vorhanden.
Playa de los Cancajos • Tel. 9 22 43 43 05 • www.apartamentoslagoazul.com • 75 Apartments • €€

ESSEN UND TRINKEN
Sadi
Kultiviertes Ambiente • Niveauvolle Speisen, stabile Qualität, viel internationales Stammpublikum. Es gibt viele erlesene Frischprodukte der Saison, dazu Nudelgerichte, Salate und Fleisch mit kanarischen Akzenten sowie Desserts mit subtropischen Früchten. Häufig wechselnde Speisekarte, kompetente und freundliche Bedienung. Mit Außenterrasse. Keinesfalls überhöhte Preise.
Urbanisación La Cascada • Tel. 9 22 18 14 63 • www.sadilapalma.com • Mo–Sa 13–23, So 13–17 Uhr • €€

El Pulpo
Volkstümlicher Imbiss • Einfaches Imbisslokal am Strand. Beachtliche Auswahl an Fischgerichten, auch Grillfleisch, uriges Ambiente. Hier essen nicht nur Badegäste, sondern auch Einheimische aus Santa Cruz.
Playa de los Cancajos • Tel. 9 22 43 49 14 • €

◎ Mirador de la Concepción
▶ S. 118, C 8

Aussichtspunkt nahe Buenavista am Rand des Vulkankegels La Caldereta, der einen grandiosen Blick über die Hauptstadt und die angrenzenden Küstenbereiche eröffnet. Man erreicht den Mirador am bequemsten, indem man von Santa Cruz aus zunächst die Straße in Richtung Los Llanos bis Buenavista fährt. Hier biegt man rechts in Richtung Las Nieves ab, dann erneut nach etwa 300 m rechts. Auch von Las Nieves aus ist der Mirador erreichbar. Man passiert das Sanktuarium von Las Nieves und fährt bis zum Ende der Straße, biegt dann kurz rechts ab und folgt schließlich dem Hinweisschild.
6 km südwestl. von Santa Cruz

◎ Santuario de Nuestra Señora de las Nieves
▶ S. 118, C 8

Die berühmte Wallfahrtsstätte liegt einige Kilometer oberhalb der Stadt direkt an der Straße. Der Weg dorthin ist ab dem nördlichen Ende der Avenida Marítima ausgeschildert.
Der Mittelpunkt des viel besuchten Sanktuariums ist die **Ermita Nuestra Señora de las Nieves**, die der Schutzpatronin der Insel (Unserer Lieben Frau vom Schnee) gewidmet ist. Der Bau der Ermita erfolgte im 16. Jh. Bis 1740 wurde das Gebäude mehrfach modifiziert und erweitert. Fassade und Glockengiebel sind aus dem Jahr 1672, das Seitenportal, eine prunkvolle Steinmetzarbeit, soll aus dem 18. Jh. stammen. Bedeutendste Kostbarkeit im Inneren der Wallfahrtskapelle ist die Statue der Jungfrau vom Schnee, die Ende des 14. Jh. in Flandern geschaffen wurde und stilistisch den Übergang von der Romanik zur Gotik repräsentiert.
Die mit kostbaren Gewändern, Edelsteinen und Gold behangene Madonna thront auf einem Barockaltar aus Silber. Die wertvollen Materialien wurden von Gläubigen gespendet, die sich in Not oder Gefahr an die Madonna wandten, ihre Hilfe erflehten und glaubten, erhört worden zu sein. Angeblich wurden durch die Anrufung der von allen Palmeros als wichtiges Heiligtum verehrten Madonna schon Schiffbrüchige vor dem Ertrinken gerettet, Epidemien besiegt

Die »Jungfrau vom Schnee« ist die Schutzpatronin der Insel und steht im Mittelpunkt des Santuario de Nuestra Señora de las Nieves (▶ S. 58), einer wichtigen Wallfahrtsstätte.

oder gefährliche Vulkanausbrüche zum Stillstand gebracht.

Im Inneren der Wallfahrtskapelle sind neben Gemälden, die die Wunder der Jungfrau Maria illustrieren, eine holzgeschnitzte Mudéjar-Decke, Gold- und Silberschmiedearbeiten, schöne gläserne Lampen und Altarbilder zu sehen. Beeindruckend sind auch eine flämische Schnitzerei (16. Jh.) aus vielfarbigem Holz, die eine Kreuzigungsgruppe zeigt, sowie der Barockaltar mit der Muttergottes der Guten Fahrt (Nuestra Señora del Buen Viaje), die ein Schiff in der Hand hält.

Alle fünf Jahre findet im Juli bzw. August die **Bajada de la Virgen de las Nieves** statt (▶ MERIAN-Tipp, S. 27). Dabei wird die Madonnenfigur bei einer viel besuchten Prozession von Las Nieves bis nach Santa Cruz herabgetragen. Das ganze Spektakel dauert mehrere Wochen; Fähren, Hotels und Flugzeuge sind in dieser Zeit zumeist komplett ausgebucht.

3 km westl. von Santa Cruz

Der Süden und Südosten Strände
und Baden spielen hier eine untergeordnete Rolle; dafür führen zahlreiche Wanderwege durch die grandiose Vulkanlandschaft, in der auch Weinreben kultiviert werden.

◀ In der Saline nahe des Faro de Fuencaliente (▶ S. 61) wird noch auf traditionelle Weise Meersalz gewonnen.

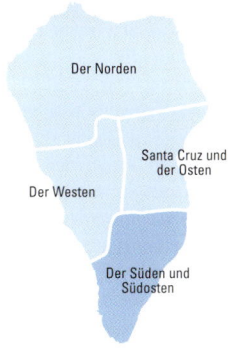

Viel Sonne und eine reizvolle vulkanische Landschaft mit Asche- und Lavahügeln prägen diesen südlichen Bereich der Insel. Botanisch interessierte Urlauber können hier viele seltene Pflanzen entdecken, die in diesem Biotop bestens gedeihen. Typisch für den sonnenverwöhnten Süden ist auch der Weinbau. Ehemals war **Fuencaliente** eher ein Ziel für Tagesausflügler, auf längere Aufenthalte von Gästen war die Gegend kaum eingestellt. Das hat sich geändert. Neue Hotels haben sich angesiedelt, und auch die Zahl der Privatunterkünfte bzw. »casas rurales« ist gewachsen.

Fuencaliente/ Los Canarios ▶ S. 120, C 11
1900 Einwohner

Das auf einer Höhe von 700 m über dem Meer gelegene Straßendorf ist die größte Siedlung im tiefen Süden La Palmas und Zentrum eines bedeutenden Weinanbaugebiets. Der Name der Ortschaft geht zurück auf eine heiße Quelle (»fuente caliente«), die hier bis zur Mitte des 17. Jh. existiert haben soll, ehe sie vom Ausbruch des **Vulkans San Antonio** zugeschüttet wurde. Inzwischen hat man die Quelle mit ihrem schwefelhaltigen Wasser abermals entdeckt.

Die gesamte Umgebung von Fuencaliente ist geprägt von einer einzigartigen vulkanischen Landschaft. Auf dem Lava- und Ascheboden werden knorrige alte Weinreben kultiviert. Sie wachsen sehr dicht über dem Boden, werden traditionell durch kleine Astgabeln abgestützt und durch Mäuerchen aus Schlacke und Lavagestein vor den rauen Winden geschützt. Die meisten Winzer aus dem Süden und Südosten der Insel haben sich in der Genossenschaft Llanovid (▶ S. 65) zusammengeschlossen.

In Fuencaliente endet auch der reizvolle Wanderweg »Ruta de los Volcánes« (▶ Touren und Ausflüge, S. 92), der sich vom Refugio El Pilar aus über die Höhenzüge der **Cumbre Vieja** südwärts erstreckt. Auch südlich, westlich und östlich von Fuencaliente trifft man auf einige sehr interessante Wanderrouten im Gelände der durch Schlacke, Asche und Vulkangestein geprägten Hanglagen.

SEHENSWERTES
Faro ▶ S. 120, C 12

Der Leuchtturm liegt südlich der Ortschaft nahe der Südspitze der Insel (**Punta de Fuencaliente**) und ist über eine Asphaltstraße zu erreichen; die Route ist ab Fuencaliente ausgeschildert. Durch den Ausbruch des Teneguía-Vulkans 1971 war der ehemalige, nahebei gelegene Leuchtturm bedroht. Die ausgetretene Lava kam dann allerdings kurz vor dem Bauwerk zum Stillstand. Trotzdem wurde 1984 der neue Faro errichtet, damals angeblich der erste Spaniens, der mit Sonnenenergie betrieben wird.

Ganz in der Nähe liegen die **Salinas de Fuencaliente**. Das Unternehmen unter Leitung von Andrés Hernández stellt Naturmeersalz sowie die hochwertige Spezialität »Flor de Sal« her. Die Produkte werden auch nach Deutschland exportiert. Die Salinen können besucht werden. Weitere Infos bei der Zentrale: Salinas de Fuencaliente, Maldonado 10, Santa Cruz de La Palma, Tel. 9 22 41 15 23, www.salinasdefuencaliente.com.

Volcán San Antonio 3
▶ S. 120, C 12

Dieser 657 m hohe Vulkan ist gewiss der imposanteste im Süden La Palmas. Man erreicht ihn ab Fuencaliente, indem man im Ortszentrum die Hauptstraße verlässt (der Weg ist ausgeschildert) und südwärts auf der kurvenreichen Straße in Richtung Las Indias etwa 1,5 km lang bis zu einem Hinweisschild (gegenüber der Bodega Carballo) fährt. Dort biegt man links ein und sieht bereits den Parkplatz vor sich. Von hier führt ein Fußweg hinauf zum Kraterrand.

Der letzte Ausbruch erfolgte um die Jahreswende 1677/1678. Tonnenweise schleuderte er heiße Asche und glühende Lava über die umliegenden Weideflächen und machte sie für die agrarische Nutzung unbrauchbar. Später erkannte man, dass auf diesem Vulkanboden Weinreben durchaus gut gedeihen. Das poröse Erdreich speichert während der Nacht die Feuchtigkeit des Taus und gibt sie später an die Wurzeln der Weinstöcke ab. Darüber hinaus schlagen sich die vulkanischen Substanzen des Bodens im Geschmack des Weines nieder und verleihen ihm recht eigenwillige Aromanuancen.

Zum Kraterrand des San Antonio führt ein gut ausgebauter Weg hinauf. Etwa ein Drittel des Kraterrandes ist begehbar, der übrige Bereich aus Sicherheitsgründen für die Öf-

Fast steppenartig wirkt die Südspitze La Palmas, die Punta de Fuencaliente mit dem Faro (▶ S. 61). Der solarbetriebene Leuchtturm bildet eine bekannte Landmarke.

fentlichkeit gesperrt. Oben genießt man einen grandiosen Blick über die gesamte Vulkanregion des Südens und die Küste. An klaren Tagen kann man gar bis zu den Nachbarinseln Gomera und Hierro hinüberblicken. Pro Auto wird auf dem Parkplatz eine Gebühr von 5 € kassiert. Der Eintritt zum angeschlossenen Besucherzentrum ist im Parkticket enthalten. Die Ausstellung informiert über die örtlichen vulkanischen Zusammenhänge. Auch Exkursionen mit Dromedaren werden angeboten.

Volcán Teneguía ▸ S. 120, C 12

Der zweite Vulkan nahe der Südspitze La Palmas hat zwar keine so markante Form wie der Volcán San Antonio, eine Besichtigung lohnt aber allemal. Von Fuencaliente aus fährt man auf der ausgeschilderten Nebenstraße in Richtung Las Indias und zweigt einige hundert Meter vor dem Ort links nach Los Quemados ab. Hier folgt man in einer Rechtskurve gegenüber einem kleinen Park einer gut befahrbaren Aschepiste in Richtung Roque Teneguía (ein deutlich sichtbarer ockerfarbener Felsen, der sich aus dunklem Gestein hervorhebt) bis zum Parkplatz. Von dort aus erreicht man den Volcán Teneguía in 5 Minuten. Man benötigt allerdings ein festes, solides Schuhwerk, denn der Weg ist steinig und zumeist recht schmal.

Der Krater, dem noch heute bisweilen heiße Schwefeldämpfe entsteigen, ist nur noch in Teilen erhalten. Trotzdem kann man sich gut vor Augen führen, was hier im Herbst 1971 geschah. Damals brach der Teneguía mit Feuer und Getöse aus. Ein träger Lavastrom floss abwärts dem Meer entgegen auf den alten Leuchtturm zu. Wissenschaftler, Fotografen, Journalisten und Tausende Schaulustige verfolgten das gigantische, mehr als drei Wochen dauernde Schauspiel.

ÜBERNACHTEN
La Palma Princess

Von Vulkanlandschaft umgeben • Der Hotelkomplex besteht aus zwei Vier-Sterne-Hotels, dem **Teneguia Princess** sowie dem **La Palma Princess**. Komfortabel ausgestattete Zimmer und Suiten, Wellnesslandschaft, Pools und Spa. Dazu gesellt sich ein schöner Meerblick.
Carretera La Costa, Cercavieja 10 • Tel. 9 22 42 55 00 • www.hotellapalma princess.com • 625 Zimmer und Suiten • ♿ • €€€

Los Volcánes

Schlichte Ausstattung • Einfache Pension mit sauberen Doppelzimmern und Apartments mit kleiner Küchenzeile ohne große Extras. Zentrale Lage nahe der Hauptstraße.
Carretera General 72 • Tel. 9 22 44 41 64 • 5 Zimmer und 3 Apartments • €€

Central

Zentrale Lage • Dem direkt an der Hauptstraße gelegenen Hotel (ein Stern) sind eine Bar, eine Pension und diverse Apartments angeschlossen (Bar Imperial, Pensión Imperial bzw. Apartamentos Imperial). Einfache Ausstattung, der Service ist eher durchschnittlich.
Carretera Yaiza 4 • Tel. 9 22 44 40 18 • 7 Zimmer im Hotel • €

Los Llanos Negros ▸ S. 120, C 11

Geschmackvoll eingerichtet • Ferienhaus in Alleinlage inmitten der Vulkanlandschaft. Rustikale Vulkan-

steinwände eines ehemaligen Weinkellers. Große Terrasse mit grandiosem Blick über die Landschaft und das Meer. Zwei Doppelschlafzimmer, geräumige Wohnküche, Badezimmer. Belegung mit maximal vier Personen. Ruhige Umgebung. Gute Ausgangslage für Wanderungen zum Strand (20 Min.) oder zum Vulkan San Antonio. Rechtzeitige Buchung erforderlich, da sehr begehrt.
Ortsteil Los Quemados, am Ende der Straße Marino Sicilia González • Reservierungszentrale La Isla Bonita • Tel. 9 22 43 06 25 • www.islabonita.com • €

ESSEN UND TRINKEN
Centaurea
Populär und preiswert • Bar und Restaurant an der Hauptstraße gegenüber der Bushaltestelle. Speisesaal im ersten Stock. Kanarische Hausmannskost ohne kulinarische Höhenflüge, aber zu günstigen Preisen. Fisch- und Fleischgerichte, Ziegenkäse und Weine aus dem Umland.
Carretera General 36 • Tel. 9 22 44 41 29 • €

> **MERIAN-Tipp** 5
>
> **BAR PARADA** ▶ S. 120, C 11
> Kleine, urige Bäckerei im Hinterzimmer der gleichnamigen Bar. Hier stellt der Bäcker Honorio Pérez Cruz an jedem Werktag frische, sehr schmackhafte Süßwaren her. Besonders lecker: die »almendrados« (Mandelmakronen) und der »queso de almendra«, bereitet aus Mandeln, Zucker, Eiern, Milch, Zimt und Margarine.
> Fuencaliente/Los Canarios, Carretera General • Tel. 9 22 44 40 02

El Quinto Pino
Vorbildlicher Service • In Los Quemados an der Straße nach Las Indias gelegenes Lokal mit beliebter Terrasse, deftigen Traditionsgerichten und einer guten Weinauswahl. Auch die hauchdünn gebackene Pizza aus dem Holzofen überzeugt. Ausgesprochen freundliche Bewirtung.
Las Indias, Pared Nueva 3 • Tel. 9 22 44 45 16, Mobil 6 80 40 77 72 • www.elquintopino.eu • Mo–Di geschl. • €

Junonia
Delikate Happen • Tapas-Bar an der Hauptstraße. Es gibt Fleisch- und Fischgerichte vom Grill, gelegentlich Eintöpfe, Fischsuppe und im Ofen frisch gebackene Brötchen. Volkstümliches Ambiente.
Carretera General 49 • Tel. 9 22 44 40 21 • €

EINKAUFEN
Artesanía
Ladenlokal an der Hauptstraße, in der vorwiegend Frauen aus dem Ort ihr handgearbeitetes Kunsthandwerk verkaufen. Im Angebot sind vor allem Stickereien, Tischdecken, Tücher und andere Textilien.
Carretera General 86 • tgl. 10–18.30 Uhr

Bodegas Carballo
Die kleine Privatkellerei, die ihre eigenen Weine in einem rustikal eingerichteten Degustations- und Verkaufsraum anbietet, befindet sich unterhalb des Ortskerns gegenüber der Einfahrt zum Vulkan San Antonio. Zum Sortiment gehören recht gewöhnliche, aber deutlich vom Vulkanboden geprägte Weiß-, Rot- und Roséweine (gekeltert aus der Rebsorte Listán), ein aus der Moscatel-Rebe

Wer den Urlauberhochburgen entfliehen will, mietet sich in einem der typischen Landhäuser ein und genießt auf stillen Wanderungen die einzigartige Vegetation La Palmas.

gekelterter Weißwein und ein süßer Dessertwein aus der Malvasía-Rebe.
Carretera de las Indias 44 • Tel. 9 22 44 41 40 • www.bodegascarballo.com

Cooperativa Llanovid

Die Genossenschaft gilt als größter Weinerzeuger auf der gesamten Insel und vertreibt ihre Produkte unter der Markenbezeichnung »Teneguía«. Das modern ausgestattete Zentrum der Weinproduktion erstreckt sich am südlichen Ortsrand von Fuencaliente. Hier findet auch der Verkauf der Weine statt. Hergestellt werden vor allem Weiß- und Rotweine, größtenteils aus den Rebsorten Listán Blanco und Negramol.
Los Canarios s/n • Tel. 9 22 44 40 78

SERVICE

AUSKUNFT
Fremdenverkehrsbüro
Plaza Minerva s/n • Tel. 9 22 44 40 03 • Mo–Sa 9.30–13.30 Uhr

Ziel in der Umgebung

◎ Mazo ▶ S. 121, E 9

5000 Einwohner

Der großflächige Gemeindebezirk an der Ostküste liegt etwa auf halber Strecke zwischen der Hauptstadt Santa Cruz und Fuencaliente im Süden der Insel. Das Siedlungszentrum direkt unterhalb der Landstraße von Breña Alta nach Fuencaliente heißt offiziell Villa de Mazo, wird aber meist nur El Pueblo (ca. 400 Einwohner) genannt. Das Dorf schmiegt sich an einen Berghang und eröffnet attraktive Ausblicke auf die Küste.

> **WUSSTEN SIE, DASS …**
>
> … an den Hängen im Inselsüden Malvasía-Trauben angebaut werden? Aus ihnen stellt man vor allem sehr gehaltvolle Süßweine her. Sie gelten als köstliche Rarität und sind entsprechend hochpreisig.

Im Umland von Mazo, insbesondere im etwas weiter zur Küste hin gelegenen Hoyo de Mazo werden von einer Genossenschaft auf ca. 50 ha Fläche Weintrauben angebaut. Die entsprechenden Weine stehen nur in geringem Umfang zur Verfügung, haben aber in den letzten Jahren an Renommee dazugewonnen. Mazo selbst ist vor allem bekannt für seine kunsthandwerklichen Produkte, nicht wenige Kunsthandwerker haben sich im Ort oder in der Umgebung niedergelassen. Erzeugt werden im Dorf vor allem Textilien (Stickereien, Durchbrucharbeiten) oder Keramikwaren nach traditionellen Vorlagen.
18 km nordöstl. von Fuencaliente

SEHENSWERTES
Cueva de Belmaco
▶ S. 121, E 10

Prähistorische Höhle mit interessanten Felszeichnungen aus der Epoche der Ureinwohner. Die Höhle liegt außerhalb von El Pueblo im südlichen Bereich des Gemeindebezirks. Man fährt auf der unteren (parallel zur Hauptstraße verlaufenden) Straße von Hoyo de Mazo aus in Richtung Malpaíses. Etwa 1 km vor Malpaíses liegt (in einer Linkskurve) rechts die überhängende Wand der Cueva de Belmaco. Experten vermuten, dass an dieser Stelle in vorspanischer Zeit einer der Stammeshäuptlinge der Ureinwohner seine Wohnstätte hatte. Entdeckt wurden hier – erstmals im Jahr 1752 – diverse Petroglyphen (Wellenlinien und Spiralen) sowie einige Überreste der Wohnstätte, die auf das 10. Jh. datiert werden konnten. Oberhalb und unterhalb der Höhle befinden sich weitere kleinere Grotten, die eventuell als Sterbekammern Verwendung fanden.

Besichtigung des Besucherzentrums bzw. des Archäologischen Parks (interessante Infos über das Alltagsleben der Ureinwohner): Mo-Sa 10-18, So 10-15 Uhr • Tel. 9 22 44 00 90 • Eintritt 2 €, Kinder 0,75 €

Iglesia San Blas
Ein stattlicher Bau mit markanter Architektur und gewiss eine der originellsten Kirchen der Insel. Angeblich gab es an dieser Stelle in El Pueblo bereits um 1495 eine Kapelle. In seiner heutigen Form entstand das zweischiffige Gebäude zwischen 1512 und 1804. Über den beiden Portalen erkennt man einige moderne Bleiverglasungen. Im Inneren sind die reich verzierten Barockaltäre sowie die ornamental bemalte Holzdecke im Mudéjar-Stil sehenswert.
Calle General Mola • unregelmäßige Öffnungszeiten

MUSEEN
Museo Casa Roja
In diesem restaurierten herrschaftlichen Bürgerhaus vom Anfang des 20. Jh. sind zwei Museen untergebracht. Das Erdgeschoss beherbergt das Fronleichnamsmuseum mit Objekten der Fronleichnamsfeste der Insel. Im Obergeschoss befindet sich das Stickereimuseum. Zu sehen sind Tischdecken, Kirchenornat und eindrucksvoll verzierte Stickereien im typisch palmerischen Stil.
Calle Maximiliano Pérez Díaz • Tel. 9 22 42 81 93 • Mo-Fr 10-14, 15-18, Sa 11-18, So 10-14 Uhr

ÜBERNACHTEN
El Sitio La Rosa
Kultiviertes Ambiente • Etwa 3 km außerhalb von Mazo nahe der Straße nach San José gelegenes Ensemble

aus drei im kanarischen Stil restaurierten Ferienhäusern. Ringsum Gärten, Felder, Obstbäume, nahezu idyllische Ruhe, weite Blicke über Hang, Küste und Meer. Engagierte Gästebetreuung durch den Hausherrn Fidel Reyes de Paz, viele ausländische Stammgäste. Die kleine, liebevoll gepflegte Anlage ist der Organisation Turismo Rural – La Isla Bonita, die Ferienhäuser auf dem Land vermietet, angeschlossen.
Monte Breña 119 • Reservierungszentrale La Isla Bonita: Tel. 9 22 43 06 25 • www.islabonita.es • 3 Ferienhäuser • €€

El Pósito

Ehemalige Scheune • Das für maximal sechs Personen eingerichtete Ferienhaus befindet sich in Los Callejones, einem Vorort von Villa de Mazo. Bis ins 16. Jh. war das stattliche Gebäude ein Getreidespeicher (davon leitet sich der heutige Name ab). Rustikale Einrichtung mit antiken Möbeln. Weite Sicht über Berge und Meer. Dazu gehört auch ein überdachtes Schwimmbecken. Der benachbarte Tennisplatz darf kostenlos genutzt werden.
Callejones 91 • Reservierungszentrale La Isla Bonita: Tel. 9 22 43 06 25 • www.islabonita.es, www.casaruralelposito.es • €

ESSEN UND TRINKEN
Casa Goyo

Originell und gemütlich • Sehr uriges Restaurant nahe dem Flughafen direkt am Strand. Die in der Anflugschneise gelegene Lokalität besteht aus rustikalen, rudimentär ausgestatteten Holzhäuschen. Kleine Bar, offene Küche. Die Spezialität: vorzüglicher frischer Fisch – frittiert, gebraten oder vom Grill. Volkstümliches, rundweg originelles Ambiente mit einem Touch Lateinamerika. Der exquisiten Fischgerichte wegen finden sich viele Stammgäste aus den nahen Ortschaften ein.
Lodero, Carretera del Aeropuerto • Tel. 9 22 44 06 03 • www.casagoyo.es • Mo geschl. • €

EINKAUFEN
El Molino
▶ Einkaufen, S. 24

SERVICE
AUSKUNFT
Fremdenverkehrsbüro Villa de Mazo
Calle Doctor Morera Bravo s/n • Tel. 9 22 44 00 52 • Mo–Fr 9–13, 15–18 Uhr

---

MERIAN-Tipp

MERCADILLO DE MAZO
▶ S. 121, E 9

Viel besuchter Bauernmarkt in einer großen zweistöckigen Halle unterhalb der Landstraße, die durch die Ortschaft Mazo (Busverbindung mit Santa Cruz) führt. Im Erdgeschoss werden vor allem Nahrungsmittel von Direkterzeugern angeboten: Käse, Gebäck, Marmeladen, Brot, Früchte, Gemüse, auch Weine. Viele Produkte sind hausgemacht oder nach biologischen Kriterien kultiviert. In der ersten Etage sind kunstgewerbliche Artikel für den Verkauf ausgestellt; es dominieren Stickereien, Durchbrucharbeiten und schöne bestickte Tischdecken.
Mazo • Sa 15–19, So 9–13 Uhr

Der Westen
Plantagen und Tourismus: Das Wirtschaftszentrum im Aridane-Tal hat einen massiven Aufschwung erlebt. Die Strände und Hotels liegen meist in Stadtnähe, das Bergland zeigt sich eher verschlafen.

◀ Am Ende des Barranco de Las Angustias erstreckt sich Puerto de Tazacorte (▶ S. 77) mit seinem schwarzen Strand.

Der aufstrebende Tourismus und die Landwirtschaft prägen das Gesicht der westlichen Inselregion. **Los Llanos de Aridane** gilt als Boomtown und wirtschaftlicher Motor der Region. Viele Palmeros aus den ärmeren Bezirken im Norden der Insel sind hierher gekommen, haben Arbeit gefunden und sich in einer der modernen Behausungen niedergelassen.

Auch in den Nachbarorten **Tazacorte** und **El Paso** spürt man die Auswirkungen des Baubooms und der touristischen Initiativen. Angeblich wird in Los Llanos und Umgebung inzwischen mit Landwirtschaft, Tourismus, Dienstleistungen und Bauunternehmungen mehr Geld bewegt als in jeder anderen Stadt der Insel. Historische Gebäude sind eher selten in dieser Gegend. Die aus touristischer Sicht attraktivsten Gebiete liegen direkt an der Küste. Das reichhaltige Angebot an delikaten Fischen und ausgereiften Früchten ist hier besonders verlockend.

Los Llanos de Aridane

▶ S. 117, D 4

22 500 Einwohner
Stadtplan ▶ S. 71

Die größte Stadt der Insel bildet die Metropole des fruchtbaren Aridane-Tals, in dem vor allem Bananen, aber auch Avocados und Orangen angebaut werden. Die Stadt stand stets in Konkurrenz zu Santa Cruz. Viele bezeichnen Los Llanos de Aridane als heimliche Hauptstadt der Insel, was allerdings etwas übertrieben erscheint. Seit den Fünfzigerjahren, als der Anbau von Bananen in eine erneute Phase des Aufschwungs trat, hat sich die Bevölkerungszahl von Los Llanos mehr als verdoppelt.

Schon im 19. Jh. galt das gesamte Aridane-Tal wegen des fruchtbaren Bodens und des Wasserreichtums als bevorzugte Agrarregion. Viele wohlhabende Familien aus Spanien und Flandern ließen hier prunkvolle Landhäuser bauen und Plantagen anlegen. Angeblich wurden bereits 1892 Bananen aus dem Aridane-Tal nach England ausgeführt. Inzwischen ist der Bananenexport jedoch in eine Krise geraten. Grund dafür sind die deutlich preiswerteren Konkurrenzprodukte aus Mittelamerika. Als Alternative zum Bananenanbau werden zunehmend Avocados angepflanzt. Flächenmäßig dominieren aber noch eindeutig die Bananenplantagen, denn die Umstellung erfordert viel Zeit.

WUSSTEN SIE, DASS ...

... der Anbau von Bananen enorm viel Wasser verbraucht? Die Passatwolken im Norden und Osten La Palmas sorgen nahezu ganzjährig für eine hohe Feuchtigkeit und reichlich Niederschlag. Daher ist diese Region bestens für die Kultivierung von Bananen geeignet.

Dank des frischen, sonnenreichen Klimas, dank der üppigen Vegetation und der nahe gelegenen Küste mit ihren Stränden hat der Tourismus in den letzten Jahren merklich zugenommen. Nicht wenige Ausländer haben sich im Ortszentrum oder im Umland häuslich niedergelassen.

Los Llanos ist zudem heute ein bedeutendes Dienstleistungs- und Einkaufszentrum. Dazu kommt ein beachtliches Angebot im Bereich der Gastronomie und der nächtlichen Unterhaltungsszene, weit vitaler als etwa in der Hauptstadt Santa Cruz. Die Stadt selbst besteht zum größten Teil aus modernen Zweckbauten. Berühmt sind der Karneval von Los Llanos de Aridane und das alljährliche Patronatsfest.

SEHENSWERTES

Iglesia Nuestra Señora de los Remedios ▶ S. 71, c 2

Die dreischiffige Pfarrkirche des Ortes wurde zunächst im frühen 16. Jh. errichtet, im darauf folgenden Jahrhundert indes vollkommen neu wieder aufgebaut und auch später noch in ihrem äußeren Erscheinungsbild modifiziert. Als herausragende Kostbarkeiten im Inneren gelten die im Mudéjar-Stil konstruierte Holzdecke sowie der barocke Hochaltar mit der Statue der **Virgen de los Remedios**, der Schutzpatronin der Stadt. Die Patronin mit dem Jesuskind auf dem rechten Arm steht über einem goldenen Halbmond und ist eingerahmt von einem stilisierten Kranz aus Flammen und Sonnenstrahlen. Die Figur ist eine flämische Arbeit und wurde im späten 16. Jh. gefertigt. In der Kirche befinden sich auch noch zwei flämische Gemälde.
Plaza de España

Palmex ▶ S. 120, B 9

Etwa 1 km außerhalb an der Straße nach El Paso gelegener Kakteengarten mit mehr als 600 Arten; einige Exemplare sind über 15 m hoch. Große Attraktion für Kakteenfreunde. Nach einem Besitzerwechsel ist der Garten nun wieder zugänglich.
Calle Santa Ana 8 • Tel. 9 22 46 48 62 • E-Mail: palmex55@gmail.com • Mo–Do 10–16 Uhr • kein Eintritt, Spende erbeten

Plaza de España ▶ S. 71, c/d 2

Beliebter Treff mitten im Zentrum, der architektonische Ortskern. Mehrere Terrassencafés, Kioske, einige beeindruckend mächtige, mehr als 100 Jahre alte, Schatten spendende indische Lorbeerbäume. In der Nähe befindet sich auch das im kanarischen Stil errichtete **Rathaus** sowie das Kulturzentrum **Casa de la Cultura**, wo gelegentlich Konzerte und Kunstausstellungen stattfinden.

MUSEEN

Museo Arqueológico Benahoarita
▶ S. 71, e 3

Interessantes Museum, das sich der Geschichte und Kultur der Ureinwohner widmet. Es zeigt Felszeichnungen, Keramiken sowie Alltagsobjekte und informiert über Viehzucht, religiöse Riten und die Organisation der Ureinwohner, die gewöhnlich als »Benahoaritas« bezeichnet werden.
Calle De Las Adelfas 1 • Di–Sa 10–14, 17–19 Uhr • Eintritt frei

ÜBERNACHTEN

Valle Aridane ▶ S. 71, b 2

Praktisch und zweckmäßig • Zentral gelegenes Drei-Sterne-Stadthotel. Moderne Zimmer mit TV und Klimaanlage. Herrliche Sonnen- und

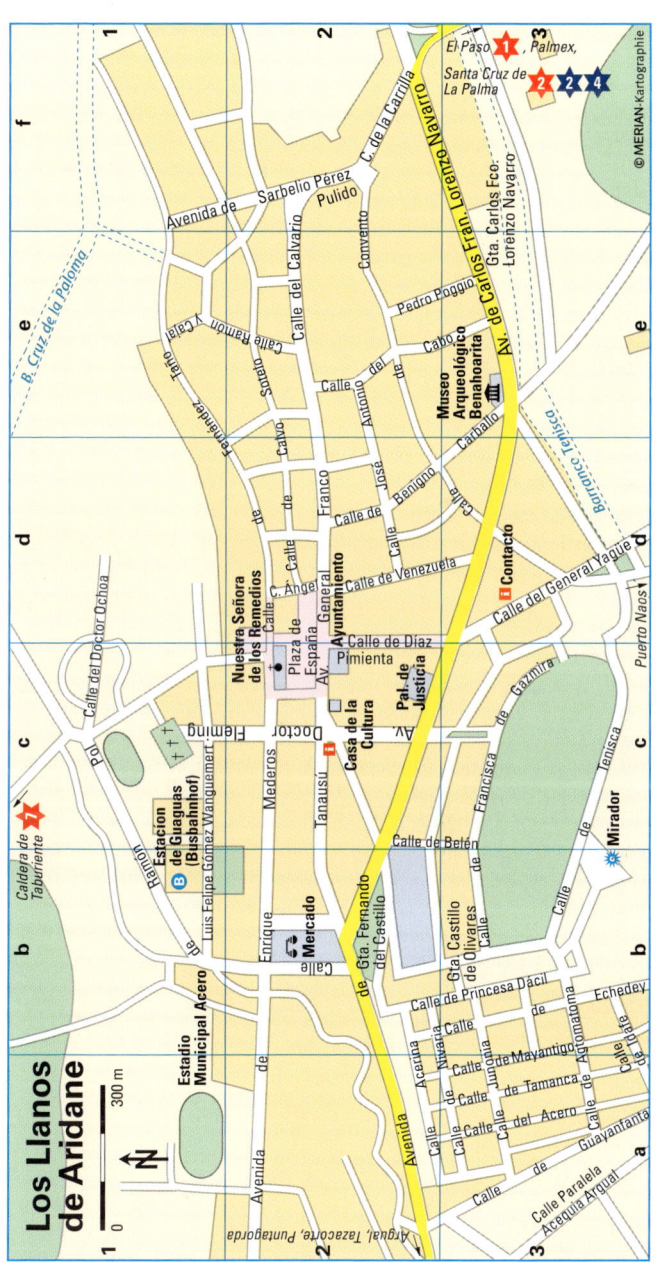

Dachterrasse. Ansonsten keine besonderen Extras.
Glorieta Castillo de Olivares 5 • Tel. 9 22 46 26 00 • www.hotelvalle aridane.com • 43 Zimmer • €€

Edén ▶ S. 71, d 2
Im Zentrum gelegen • Hostal-Residencia direkt an der Plaza de España. Ein mit Engagement und Gastfreundschaft geführtes Haus (ein Stern). Saubere, hinreichend zweckmäßig eingerichtete Zimmer. Empfehlenswerte Sonnen- und Dachterrasse.
Plaza de España/Calle Ángel 1 • Tel. 9 22 46 01 04 • 18 Zimmer • €

ESSEN UND TRINKEN
El Rincón de Moraga ▶ S. 117, D 4
Gepflegte Gastlichkeit • Beliebtes Lokal mit angenehmem Flair und anspruchsvollen Kreationen. Schöne Räumlichkeiten in einem restaurierten historischen Gebäude. Internationale Spezialitäten, manchmal mit kanarischen Akzenten verfeinert. Umfassendes Angebot an Vorspeisen und Salaten, Fisch- und Fleischgerichten sowie Desserts. Gehobenes Niveau, stilvolle Tischdeko. Mehrsprachiger professioneller Service.
Argual, Llano de San Pedro 4 • Tel. 9 22 46 45 64 • www.rincon-moraga.com • Mo 19–23, Di–Sa 13–16, 19–23 Uhr • €€/€€€

El Hidalgo ▶ S. 71, d 2
Historisches Ambiente • Engagiert von einem deutschen Ehepaar geführtes Restaurant in einem schmucken historischen Haus in der Altstadt. Herrlicher Patio bzw. Wintergarten. Internationale Küche, aber auch kanarische Spezialitäten und vegetarische Arrangements. Viele Stammgäste, freundlicher Service.
Calle La Salud 21 • Tel. 9 22 46 31 24 • www.lapalma-hidalgo.com • Di 12.30–15.30, Do–Mo 12.30–23 Uhr • €€

El Jable ▶ S. 71, b/c 1
Happen aus Venezuela • Freiluftlokal in einem schönen Avocadogarten gegenüber dem Busbahnhof. Besonders beliebt in den Sommermonaten, im Winter auch streckenweise geschlossen. Übersichtliches Angebot an kleinen delikaten Häppchen, darunter auch venezolanische Spezialitäten wie »arepas« oder »cachapas«.
Aparcamiento Ramón Pol • Di–So 19–1 Uhr • €

La Luna ▶ S. 71, d 2
Spanische Spezialitäten • Beliebtes Restaurant, aber auch Tasca, Bar und Musik-Café, zentral gelegen unweit der Plaza de España. Auf den Tisch kommen kanarische, aber überwiegend spanische Speisen. Abwechslungsreiche Tapa-Kombis, legendär ist die Bananencreme mit Curry. Auch vegetarische Gerichte sowie eine opulente Tapa-Schlemmerplatte. Dazu hausgemachte Torten, manchmal Buffet. Gelegentlich Livemusik.
Calle Fernández Taño 26 • Tel. 9 22 40 19 13 • www.laluna.moonfruit.com • Mo–Sa 12–14, 19–22 Uhr, Ende Aug. geschl. • €

Tasca La Fuente ▶ S. 71, e 2
Hausgemachte Tapas • Weithin geschätzt für seine delikaten Tapas, die beachtliche Weinauswahl und das gesellige Ambiente. Auch Salate, Nudelgerichte, Eintöpfe, vegetarische Speisen, leckere Desserts. Deutsche Leitung, viele deutsche Stammgäste.
Avenida General Franco 70 • Tel. 9 22 46 38 56 • So geschl. • €

EINKAUFEN

Diseño ▶ S. 71, c 2

Handgearbeiteter Schmuck, Textilien, Geschenkartikel. Darüber hinaus interessante Ölbilder und Aquarelle. Niveauvolles Sortiment, es kommen viele deutsche Kunden.
Calle Fernández Taño 1 • www.disenolapalma.com • Mo–Fr 10.30–14, 17–20, Sa 10.30–14 Uhr

Mercado ▶ S. 71, b 2

Markthalle mit einem reichen Angebot an Obst und Gemüse.
Plaza Mercado • Mo–Sa 8–14 Uhr

Nueva Vida ▶ S. 71, d 2

Das ehemalige Arbol de vida hat einen neuen Namen und eine neue Adresse. Das Sortiment hat sich kaum verändert. Anspruchsvolle Mode, bunte Seidenkleider, auch Stoffe aus Öko-Anbau. Farb- und Stilcoaching bei Bedarf. Deutsche Leitung.
Calle Calvo Sotelo 4 • Tel. 9 22 46 24 80 • www.lapalma-mode.com • Mo–Sa 11–14, 17–19.30 Uhr

AM ABEND

Acuario ▶ S. 71, westl. a 2

In klösterlichem Ambiente wird zu lauten Discoklängen getanzt.
Calle Dr. Flemming

La Gruta ▶ S. 71, c 2

Beliebte Bar mit fetziger Musik, gelegentlich auch Salsa.
Avenida Francisca Gasmira 15

SERVICE

AUSKUNFT

Contacto ▶ S. 71, d 3

Privates Info-Büro unter deutscher Leitung. Vermittlung von Ausflügen und Unterkünften, Verkauf von La-Palma-Büchern und Landkarten etc.

> ## MERIAN-Tipp
>
> **ARTEFUEGO** ▶ S. 117, D 4
>
> Etwas außerhalb im westlichen Ortsteil Argual gelegenes Glasstudio. Dominic Kessler stellt hier originelle Glasobjekte her, die von den Farben und Vulkanerscheinungen La Palmas geprägt sind. Dazu handwerklich gefertigte Gläser mit eingeschmolzenem Lavagestein. Äußerst sehenswert sind die sonntäglichen Vorführungen.
> Plaza de Sotomayor 29, Argual • www.artefuego.com • Fr–Mi 10–14 Uhr, Vorführungen am Glasofen: So 10–14 Uhr

Calle General Yagüe 5 • Tel. 9 22 46 32 04

Fremdenverkehrsbüro ▶ S. 71, c 2

Avenida Doctor Flemming s/n • Tel. 9 22 40 25 83, 9 22 40 25 28

VERKEHR

Estación de Guaguas (Busbahnhof) ▶ S. 71, b 1

Es besteht eine Busverbindung mit Santa Cruz und den größeren Orten. Hier gibt es auch aktuelle Fahrpläne.
Calle Ramón Pol s/n • Tel. 9 22 46 02 41

> ### WUSSTEN SIE, DASS …
>
> … die Küstengewässer zwischen Fuencaliente und Los Llanos de Aridane als Meeresreservat ausgewiesen sind? Das Schutzgebiet ist mehr als 3700 ha groß. Wegen der seltenen maritimen Flora und Fauna sind in der Kernzone das Tauchen und der Fischfang verboten.

Ziele in der Umgebung

◉ La Cumbrecita ✦ ▸ S. 117, E 4

Etwa 1,5 km östlich von El Paso biegt (nahe dem Info-Zentrum des Nationalparks Caldera de Taburiente) von der Hauptstraße nordwärts eine Asphaltstraße ab, die auf den 1287 m hohen Sattel La Cumbrecita führt. An Weideland und Mandelbäumen vorbei, schließlich durch dichten Kiefernwald steigt die Straße kontinuierlich an. Ist man oben am Parkplatz angekommen (an dem es keinerlei Versorgungsmöglichkeit mit Speisen oder Getränken gibt), eröffnet sich ein herrlich weiter Blick hinab in die vegetationsreiche **Caldera de Taburiente**. Hier lohnt es sich eine Zeitlang zu verweilen und die großartige Aussicht zu genießen.

MERIAN-Tipp

FIESTA DE LA CANDELARIA
▸ S. 116, C 3

Originelles Patronatsfest, auch Teufelsfest (»Fiesta del Diablo«) genannt. In Rückgriff auf heidnische Traditionen kommt es hier alljährlich in der Nacht vom 7. zum 8. September zu einer spektakulären symbolischen Teufelsverbrennung. Dabei werden die Besucher von einem bizarr verkleideten »Teufel« in Menschengestalt erschreckt, der die ganze Nacht hindurch um die Plaza des Ortes tanzt, während unablässig an seinem Körper befestigte Feuerwerkskörper explodieren. Es herrscht ein geselliges Treiben, und es wird zu beschwingter Musik getanzt. Zahlreiche Besucher aus nah und fern.
Tijarafe · 7./8. September

Von hier aus kann man eine interessante, nicht schwierige Rundwanderung (Wanderschuhe und Karte erforderlich) unternehmen. Sie dauert etwa eine Stunde und führt ab dem Parkplatz zunächst durch den Wald abwärts in Richtung **Mirador de los Roques** und dann am **Lomo de las Chozas** vorbei wieder zurück.

Der Parkplatz auf dem Gipfel ist klein und bietet nur wenigen Autos Platz. Urlauber, die mit dem Wagen bis hinauf zum Parkplatz fahren wollen, müssen sich vorher im Besucherzentrum eine Registriernummer abholen. Nur mit diesem Ticket wird man zum Parkplatz vorgelassen.

Wer gänzlich auf das eigene Auto verzichten möchte, lässt sich vom Linienbus Santa Cruz–Los Llanos de Aridane am Info-Zentrum des Nationalparks absetzen und geht zu Fuß bis zur Cumbrecita hinauf.

Ca. 20 km nordöstl. von Los Llanos de Aridane

◉ Mirador del Time ▸ S. 117, D 4

Exponierter Aussichtspunkt an der Straße von Los Llanos nach Tijarafe. Von dem knapp 600 m hoch gelegenen Mirador genießt man einen einzigartigen Blick über das gesamte südlich gelegene Aridane-Tal mit Los Llanos im Zentrum. Nach Osten hin schweift das Auge über den Barranco de las Angustias. Time bedeutete im Altkanarischen so viel wie Felsvorsprung. Der Mirador zählt zu den eindrucksvollsten der Insel. Nahebei befinden sich eine Bar mit schöner Terrasse sowie ein Souvenirgeschäft. Weiter nördlich der Straße folgend erreicht man die Ortschaft **Tijarafe** mit der sehenswerten Kirche **Iglesia Nuestra Señora de la Candelaria**. Im Ort findet jeweils im September

Das Museo de la Seda (▶ S. 23, 76) in El Paso informiert über die Seidenraupenzucht auf der Insel. In der angeschlossenen Weberei gibt es Livevorführungen.

die berüchtigte **Fiesta de la Candelaria** statt (▶ MERIAN-Tipp, S. 74). An den Küstenhängen werden Avocados, Mandeln und Bananen angebaut.
8 km westl. von Los Llanos de Aridane

◉ **El Paso** ▶ S. 120, C 9
7900 Einwohner
An der Verbindungsstraße zwischen Santa Cruz und Los Llanos im oberen Aridane-Tal gelegene Ortschaft mit einer Vielzahl von Häusern im ländlichen kanarischen Stil. Im 18. und 19. Jh. pflanzte man hier in beachtlichem Umfang Maulbeerbäume zur Fütterung von Seidenraupen an und stellte Naturseide her. Auch Opuntien wurden kultiviert, darauf züchtete man die Cochenille-Laus, aus der man einen roten Farbstoff gewann. Mit dem Aufkommen der industriell gefertigten synthetischen Farben Ende des 19. Jh. lohnte die Erzeugung von Farbstoffen aus der Cochenille-Laus nicht mehr. Auch die Seidenproduktion hat schon im 19. Jh. an Bedeutung verloren. Heute gibt es in El Paso nur noch einige Erzeuger von Naturseide. Der Prozess erfordert einen hohen Anteil an

Handarbeit. Inzwischen hat der wachsende Tourismus auf La Palma dazu geführt, dass mehr und mehr Besucher Seidenerzeugnisse aus El Paso als Souvenir erwerben. Weiterführende Informationen zur Seidenherstellung erhält man im **Museo de la Seda** 1 (▶ Einkaufen, S. 23). In dem gepflegten Ort mit seinen restaurierten Bauernhäusern leben nicht wenige ausländische Residenten.
4 km östl. von Los Llanos de Aridane

SEHENSWERTES
Ermita de la Virgen del Pino
▶ S. 117, F 4

Nahe der Straße zur Cumbrecita liegt rechts diese bedeutende Wallfahrtskapelle. Nach der Legende soll hier in einer Kiefer die Jungfrau Maria erschienen sein. Eine Marienfigur, die an dieser Stelle gefunden wurde, wird in der Kapelle aufbewahrt und alle drei Jahre Ende August im Rahmen der **Romería de la Virgen del Pino** (▶ Feste und Events, S. 29) mit einer großen Prozession nach El Paso gebracht.

MUSEEN
Centro de Visitantes 6
Das Besucherzentrum des Nationalparks Caldera de Taburiente liegt etwa 1,5 km östlich von El Paso direkt an der Hauptstraße. Im Inneren des klobigen Betongebäudes erwartet den Besucher ein solides Angebot an Erläuterungen und Hintergrundinfos zur **Caldera de Taburiente**. Abteilungen zu Geologie, Flora und Fauna, Archäologie und Siedlungsgeschichte mit übersichtlichen Grafiken und Fotos. Einige deutsche Erklärungen. Videoshow, Bibliothek, Büchershop mit guter Auswahl zu Natur, Kultur und Geschichte La Palmas.

Carretera General de Padrón 47 • Tel. 9 22 49 72 77 • tgl. 9–18.30 Uhr • Eintritt frei

AM ABEND
Bar Central
Restaurant, Bar und Kulturzentrum. Gepflegte Atmosphäre für ein kosmopolitisches Publikum. Oft Livemusik, Lesungen und Ausstellungen. Auch Yoga- und Salsa-Kurse.
C. Manuel Tano 9 • Tel. 9 22 48 59 03 • www.bar-central.com • Mi–Sa ab 17, So 10–16 Uhr

◉ Puerto Naos ▶ S. 120, B 10

Seit den Siebzigerjahren ist hier ein großes Ferienzentrum entstanden. Der rasante Bauboom hat dem Ort eine Vielzahl nüchterner, nicht gerade geschmackvoller Bauten beschert. Größte Attraktion ist der palmenbestandene, 600 m lange dunkle Sandstrand. Uferpromenade, viele Strandrestaurants, Cafés, Bars und Läden.
9 km südl. von Los Llanos de Aridane

ÜBERNACHTEN
Sol La Palma 🛏🛏
Breites Unterhaltungsprogramm • Vier-Sterne-Hotel, eines der größten der Insel. Direkt oberhalb des Strandes auf einem Vulkanfelsen gelegen. Viele Pauschaltouristen. Restaurants, Bars, Pools, Sportanlagen, Friseur, eigene Einrichtungen für Kinder, Tanz- und Theatersaal, Sauna, Supermarkt.
Punta del Pozo • Tel. 9 22 40 80 00 sowie Buchungszentrale 01/8 02/ 12 17 23 • www.solmelia.com • 307 Zimmer • €€€/€€€€

ESSEN UND TRINKEN
Don Quijote
Günstige Tagesgerichte • Kanarische, spanische und dazu ein Hauch bas-

kischer Küche mit Schwerpunkt auf Fisch- und Fleischspeisen. Terrasse.
Edificio La Palma Beach 3 • Tel. 9 22 40 80 45 • €€

Franchipani
▸ grüner reisen, S. 19

SERVICE
AUSKUNFT
Oficina Municipal de Turismo
Aparcamientos s/n, Puerto Naos • Tel. 6 16 85 65 16

◉ San Nicolás   ▸ S. 120, C 9
Größte Ortschaft der als Las Manchas (die Flecken) bezeichneten Gegend im Hinterland von Puerto Naos. Nahebei befindet sich das **Santuario de Fátima**; dieses Heiligtum wurde der Jungfrau von Fátima gewidmet, nachdem durch den Ausbruch des **San-Juan-Vulkans** 1949 der herabfließende Lavastrom den Ort weitgehend verschont hatte. Der erstarrte Strom aus Stricklava ist noch zu sehen.
9 km südl. von Los Llanos de Aridane

ESSEN UND TRINKEN
Bodegón Tamanca   ▸ S. 120, C 9
Uriges Ambiente • Das an der Straße kurz vor San Nicolás gelegene Lokal hat ein einzigartiges Flair. Die Räumlichkeiten gruppieren sich in einem in den Fels gehauenen Stollen. Rustikale Einrichtung mit Holzfässern und Tischen aus Basaltgestein. Eigener Wein, dazu luftgetrockneter Schinken, Schlachtplatten, mit Mandeln, Rosinen und Honig gesüßte Blutwurst (»morcilla dulce«) und andere Fleischspezialitäten. Außerhalb der Sommermonate kann es unangenehm kühl werden.
Carretera General del Sur 21 • Tel. 9 22 49 41 55 • Mo geschl. • €€

◉ Tazacorte   ▸ S. 120, B 9
6000 Einwohner

Sehenswert sind im Ort die dem Erzengel Michael, dem Schutzpatron La Palmas, geweihte **Iglesia San Miguel Arcángel** sowie einige würdige Herrenhäuser (Calle Pérez Galdos) aus der Zeit des Zuckerrohrbooms im 16. und 17. Jh. 2 km vom Ortszentrum entfernt liegt an der Mündung des **Barranco de las Angustias** der Hafen **Puerto de Tazacorte**.
Vor allem Puerto de Tazacorte hat in den letzten Jahren sein Erscheinungsbild stark modernisiert. Der Strand wurde erneuert, viele attraktive, auf Fischgerichte spezialisierte Lokale (Teneguía, Montecarlo) haben sich angesiedelt, eine Promenade für Spaziergänger wurde geschaffen. Auch der Hafen hat ein Facelifting erfahren.
6 km westl. von Los Llanos de Aridane

ÜBERNACHTEN
Hacienda de Abajo

Herrschaftliches Ambiente • Einzigartiges, 2012 eröffnetes Hotel in einem Zuckerrohr-Gutshof (17. Jh.) Stilvolle Dekorationen und Gemälde aus vier Jahrhunderten. Museale Atmosphäre. Luxuriöser Service. Angeschlossen ist ein nobles Restaurant.
Calle Miguel de Unamuno 11 • Tel. 9 22 40 60 00 • www.hotelhaciendadeabajo.com • 32 Zimmer • €€€/€€€€

ESSEN UND TRINKEN
Kiosco Teneguía

Fischspezialitäten • Am Ende der Promenade direkt am Meer gelegen. In der Nachbarschaft gibt es mehrere volkstümliche Fischlokale. Zünftiges Ambiente ohne besondere Extras, dafür schmackhafte Fischgerichte.
Avenida Marítima/Muelle Viejo del Puerto • Tel. 9 22 48 05 33 • €

Der Norden
Der gigantische Kessel im Norden der Insel ist ein einzigartiges, viel bestauntes Naturwunder. Die vulkanisch geprägte Landschaft steht unter strengem Naturschutz und beeindruckt jeden Besucher.

◀ Steile Felswände, enge Schluchten, lichte Kiefernwälder: Die Caldera de Taburiente (▶ S. 79) ist eine Attraktion.

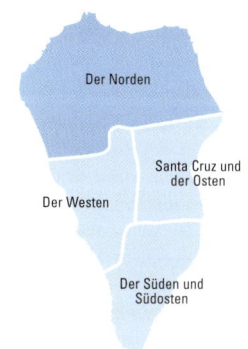

Abertausende Urlauber besuchen alljährlich den Nationalpark **Caldera de Taburiente** mit seinem spektakulären Halbkrater. Aber der Norden bietet noch andere landschaftliche Reize, etwa die Lorbeerwälder von **Los Tilos** und **Cubo de Galga**. Für Wanderer und Naturfreunde hält diese stark vom atlantischen Klima geprägte Region viele angenehme Entdeckungen bereit. Man sollte aber mobil sein und mit dem Leihwagen oder zu Fuß seine Ziele suchen. Auch wenn sich die Straßenverhältnisse in jüngster Zeit enorm verbessert haben, erschlossen für ein Massenpublikum ist der faszinierende Norden der Insel noch nicht.

Caldera de Taburiente ⭐ 7
▶ S. 117, E 3

Der stark erodierte, intensiv von Kiefernwald (Kanarische Kiefer) und fächerartig von Wasserläufen durchzogene Krater bzw. Kessel (spanisch: »caldera«) hat einen Durchmesser von 9 km. Die halbkreisförmigen Gebirgszüge, die das Rund bilden, steigen auf über 2000 m an und erreichen im Gipfelbereich des **Roque de los Muchachos**, der höchsten Erhebung La Palmas, gar 2426 m. Von Experten wird das Alter der Caldera de Taburiente auf rund 2 Mio. Jahre geschätzt. Für erfahrene und anspruchsvolle Bergwanderer ist die Caldera mit ihren Seitentälern eine Attraktion erster Güte. Für Fußmärsche zugänglich ist das Innere der Caldera derzeit nur durch den südwestlich gelegenen **Barranco de las Angustias** (Schlucht der Todesängste). Einige weitere Wanderwege verlaufen auf etwa 2000 m Höhe über den Kraterrand.

Bereits 1954 wurde die Caldera de Taburiente von der spanischen Regierung zum Nationalpark erklärt. Im Jahr 1981 wurde das Areal schließlich auf 4690 ha erweitert. Das Territorium des Naturparks umfasst den größten Teil des Kessels, Teile des Barranco de las Angustias und des Barranco del Riachuelo sowie den südlichen Abhang des Pico Bejenado. Verwaltet und beaufsichtigt wird der Nationalpark von der Naturschutzbehörde; sie sorgt auch für die Instandhaltung der Wanderwege.

Für Besucher gelten im Park strenge Verhaltensregeln. So ist es strikt verboten, Feuer zu entfachen, Abfall wegzuwerfen, Steine, Lebewesen oder Pflanzen zu sammeln oder wild zu zelten. Auch das Klettern und Bergsteigen ist untersagt. Wanderern sei dringend geraten, sich auf keinen Fall allein auf Touren durch die Caldera zu begeben. Wer die Caldera auf Wanderrouten erleben und kein Risiko eingehen möchte, sollte sich einer geführten Wandergruppe anschließen. Zahlreiche Agenturen auf La Palma sind auf derartige Dienstleistungen spezialisiert (▶ Sport und Strände, S. 33).

Ziele in der Umgebung

◉ Barlovento ▸ S. 117, F 1

2450 Einwohner

Abgesehen von der Pfarrkirche **Nuestra Señora del Rosario** mit ihrer schönen Mudéjar-Kassettendecke und einigen historischen Statuen verfügt der Ort über keine nennenswerten Sehenswürdigkeiten. Nahebei liegen im Küstenbereich oder weiter oben im Bergland attraktive Ausflugsziele, darunter auch der Stausee **Laguna de Barlovento** mit Campingplatz, Picknick- und Spielplätzen sowie dem Grillrestaurant **Las Goteras**.

Barlovento ist die größte und wirtschaftlich bedeutendste Ortschaft im Norden. An der Küste und in den höheren Lagen werden Bananen, Kartoffeln und Obst angebaut. Die Herbst- und Wintermonate sind hier von häufigen Regenfällen, viel Nebel und starken Passatwinden geprägt. Nicht selten ist es dann eher kühl und wolkenverhangen.

38 km nördl. von Santa Cruz

ÜBERNACHTEN

La Palma Romántica ▸ S. 117, F 1

Ruhige Lage • Das im rustikalen Stil errichtete Drei-Sterne-Haus liegt auf etwa 600 m Höhe absolut still außerhalb des Ortes (ca. 1 km von Barlovento entfernt) und bietet eine imposante Sicht auf das umgebende Bergland. Großzügig geschnittene, teils renovierungsbedürftige Zimmer. Sauna, Jacuzzi, Sportstätten (Tennis, Billard, Tischtennis etc.), Innen- und Außenpool, gemütliches Restaurant. Eigener Busservice, organisierte Ausflüge. Beliebt auch bei deutschen Veranstaltern und Agenturen. Vorzügliche Wandermöglichkeiten in der Umgebung. Einziger Wermutstropfen: In den Herbst- und Wintermonaten kann es hier oben im grünen Norden La Palmas recht neblig, regnerisch, zugig und kühl sein.

Las Llanadas s/n (Carretera General) • Tel. 9 22 18 62 21 • www.hotellapalma romantica.com • 40 Zimmer und Suiten • €€

ESSEN UND TRINKEN

Parrilla La Pradera ▸ S. 117, F 1

Deftige Fleischgerichte • Eine typisch palmerische Grillgaststätte, die auf den ersten Blick an eine Jagdhütte im Wald erinnert. Das Besondere erweist sich dann im Speisesaal: Es gibt allerbestes Grillfleisch (Ziege, Kalb, Schwein), leckere Suppen und einen fabelhaften, über Gagel-, Kiefern- oder Baumheideholz gegrillten Ziegenkäse (»queso a la brasa«).

Ctra. General La Laguna, Barlovento (außerhalb des Zentrums nahe dem Hotel La Palma Romántica gelegen) • Tel. 9 22 18 61 23 • unregelmäßige Öffnungszeiten, am besten telefonisch erfragen, Do geschl. • €€

◉ Cubo de la Galga ▸ S. 118, C 7

Uralter, von Steilhängen umgebener Lorbeerwald bei Puntallana (▸ Touren und Ausflüge, S. 91).

◉ La Fajana ▸ S. 118, C 5

Naturschwimmbecken unterhalb von Barlovento beim Leuchtturm **Faro**. Schwimmen ist hier bei aufgewühlter See nicht ganz ungefährlich. An Sommerwochenenden finden sich viele Freizeitgäste ein. Nahebei liegen eine Apartmentanlage und das Lokal **La Gaviota** (spektakuläre Aussicht). Das Rauschen der Brandung verleiht dem Ort ein besonderes Flair. Außerhalb der Wochenenden findet man hier Ruhe und Einsamkeit.

35 km nördl. von Santa Cruz

◎ Garafía
▶ S. 117, D 1

ca. 1900 Einwohner

Hauptort der Flächengemeinde ist Santo Domingo de Garafía. Der anmutig verschlafene Ort wurde erst vor wenigen Jahrzehnten ans Straßennetz angeschlossen. Schönes Kopfsteinpflaster, viel Ruhe. Das Zentrum bildet die Plaza Baltazar Martín, flankiert von der **Iglesia Nuestra Señora de la Luz** mit schöner Mudéjar-Kassettendecke und Barockaltar.

Die herbe, noch sehr naturbelassene Landschaft der Umgebung eröffnet interessante Wandermöglichkeiten. Dort finden sich auch mehrere würdige alte Exemplare von Drachenbäumen, etwa im nordöstlich gelegenen **Barranco de la Luz**. Die gesamte Gemeindefläche von Garafía war einst ein Siedlungsgebiet der Ureinwohner. Aus dieser Zeit stammen mehrere Fundstätten mit interessanten Petroglyphen (Felszeichnungen).

42 km nördl. von Los Llanos de Aridane

SEHENSWERTES

Drachenbäume im Barranco de Buracas ▶ S. 116, C 2

In diesem Tal nahe des Orts Las Tricias haben einige sehr eindrucksvolle, jahrhundertealte Drachenbäume überdauert; nahebei liegen Wohnhöhlen mit Felszeichnungen, die von den Ureinwohnern stammen. Von Las Tricias aus geht man zunächst auf der Landstraße in Richtung Garafía und biegt nach ca. 0,5 km links (Fußweg) in den Barranco de Buracas ab, der links vom Barranco Izcagua flankiert wird. Während der Wanderung im Tal passiert man sieben mächtige Drachenbäume. Die Rundwanderung (mit Auf- und Abstieg) durch das Tal dauert 3 bis 4 Std.

La Zarza/La Zarzita
▶ S. 117, F 1/D 1

Die erst vor wenigen Jahrzehnten entdeckten Felszeichnungen der palmerischen Ureinwohner liegen süd-

Bizarre Felsformationen umgeben den Wanderer in Gipfelnähe des Roque de los Muchachos (▶ S. 79). Er stellt mit 2426 m die höchste Erhebung La Palmas dar.

östlich von Santo Domingo de Garafía (nahe der Straße in Richtung Barlovento) etwa zwischen Llano Negro und Casas Roque Faro. Die von den Archäologen als sehr bedeutsam eingestuften Petroglyphen zeigen spiral-, mäander- und labyrinthförmige Motive sowie zwei figürliche (eine männliche und eine weibliche) Darstellungen. Inzwischen wurden die Felszeichnungen gereinigt und die Zugangswege verbessert.
Besucherzentrum (Parque Arqueológico) tgl. 11–19 (Sommer) bzw. 11–17 Uhr (Winter) • Tel. 9 22 69 50 05 • Eintritt 1,80 €, Kinder 0,90 €

ESSEN UND TRINKEN
El Bernegal
Typisch kanarisch • Beliebtes Restaurant im kulinarisch weniger verwöhnten Nordwesten, am Ortsrand von Santo Domingo de Garafía gelegen. Hübsche Einrichtung mit Zierkacheln. Kanarische, internationale und vegetarische Speisen. Ziegenkäse mit »mojo«, Kressesuppe, Pilze in Knoblauch, Barsch in Koriandersauce, diverse Fleischgerichte, hausgemachte Kuchen und Mandelspeisen.
Calle Día y Suárez 5 • Tel. 9 22 40 04 80 • Mo geschl., Reservierung ratsam • €

EINKAUFEN
La Palma Miel
▸ grüner reisen, S. 19

◉ Mirador de San Bartolomé
▸ S. 118, C 7

Der attraktive Aussichtspunkt liegt 437 m hoch nördlich von Puntallana im Gemeindeteil La Galga östlich der Durchgangsstraße. Er bietet einen herrlichen Blick auf den grandiosen, vegetationsreichen **Barranco de la Galga**, den benachbarten **Barranco de la Fuente** sowie auf die Küste und das Meer mit den Nachbarinseln. Am Zugang zum Mirador befindet sich die schöne, um 1615 gebaute Kapelle **Ermita de San Bartolomé**, auch Ermita de la Piedad genannt.
20 km nördl. von Santa Cruz

◉ Observatorio Astrofísico
▸ S. 117, E 3

Unmittelbar in Gipfelnähe des Roque de los Muchachos (2426 m) liegt eine der bedeutendsten astronomischen Forschungsstationen der Welt. Sie wurde 1985 eingeweiht. Dank der extrem klaren Luft und der von keinen Lichtern gestörten nächtlichen Dunkelheit bieten sich hier besonders günstige Bedingungen für die Sternenbeobachtung. Mehrere Großteleskope wurden installiert. An den Forschungsprogrammen nehmen diverse europäische Länder teil. Die Anlage kann leider nur von Spezialgruppen nach Genehmigung bzw. an den im Sommer veranstalteten Tagen der offenen Tür besichtigt werden (Kontakt: Tel. 9 22 40 55 00).
40 km westl. von Santa Cruz

◉ Puntagorda
▸ S. 116, C 2
2000 Einwohner

Die Gemeinde liegt still und versonnen eingebettet in eine hügelige Landschaft aus grünen Feldern und rötlich braunen Böden. Hier werden Mandeln, Orangen und Nelken angebaut, Anfang Februar feiert man ein weithin beliebtes **Mandelblütenfest**. Die Subsistenzwirtschaft ist nur wenig ertragreich. Im Zentrum des Orts liegt die im kanarischen Stil errichtete **Iglesia San Mauro**, die eine Figur des hl. Maurus birgt. Ein herrlicher Blick über den Ort und die

umgebende Landschaft eröffnet sich von dem südwestlich des Zentrums gelegenen **Mirador de Miraflores**.
26 km nördl. von Los Llanos de Aridane

ÜBERNACHTEN
Mar y Monte
Geschmackvoll und kultiviert • Die kleine, mit Engagement geführte Pension liegt in ruhiger Umgebung und bietet dem Gast ein gepflegtes Ambiente. Schöner begrünter Patio, Dachterrasse mit Blick auf Meer und Berge. Zwei Bäder, Küche zur Mitbenutzung. Deutsche Leitung.
Calle Pino de la Virgen 7 • Tel. 9 22 49 30 67 • www.la-palma-marymonte.de • 5 Zimmer • €

ESSEN UND TRINKEN
Briesta
Volkstümliche Küche • Das bei den Einheimischen äußerst beliebte Ausflugslokal befindet sich ungefähr auf halbem Weg zwischen Puntagorda und Llano Negro direkt an der Straße. Auf den Tisch kommen typisch kanarische Gerichte. Weizensuppe, gegrilltes Fleisch, überaus schmackhafter Zickleinbraten mit »mojo«, Tea-Wein. Familiäre Atmosphäre, an Wochenenden herrscht reichlich Betrieb. Heller, moderner Speisesaal.
Las Tricias • Tel. 9 22 40 02 10 • Di geschl. • €

◎ Puntallana ▶ S. 118, C 7
2400 Einwohner

Flächengemeinde nördlich von Santa Cruz, verteilt auf fünf Dörfer. Zentrum ist der östlich der Hauptstraße gelegene Ort San Juan de Puntallana mit der im 16. Jh. errichteten und später stark veränderten Kirche **Iglesia San Juan Bautista**. Auf dem Plateau über der Küste werden viele Bananen angebaut. In der Ortschaft befindet sich auch die **Deutschsprachige Bibliothek La Palma** (BILA), in der rund 5000 Bücher ausgeliehen werden können (www.bila-lapalma.com).
15 km nördl. von Santa Cruz

◎ San Andrés y Sauces   ▶ S. 118, C 6
5000 Einwohner

Einst gab es hier viele Weidenbäume (»sauces«), daneben wurde Zucker-

---

MERIAN-Tipp 9

RESTAURANTE EL CANAL
▶ S. 118, C 6

Kleines, aber engagiert betriebenes Familienlokal mit geschmackvoller Einrichtung. Überwiegend kanarische Spezialitäten, stilvoll und oft in kreativer Abwandlung präsentiert. Es dominieren frische Zutaten aus der Umgebung. Fisch- und Fleischgerichte, delikate Vorspeisen, Suppen und Käsespezialitäten. Vor allem das Fleisch überzeugt durch seine originelle, stets sachgerechte Zubereitung. Umfassende Weinkarte mit spanischen, palmerischen und ausländischen Markenweinen. Alle Speisen werden frisch zubereitet, daher sind bisweilen Wartezeiten unumgänglich. Die Geduld des Gastes wird aber mit überdurchschnittlichen kulinarischen Leistungen belohnt. Angeschlossen sind auch ein Ciber-Café sowie eine Bar und Cafetería.
San Andrés y Sauces, Ctra. General 27 • Tel. 9 22 45 08 43, 9 22 45 01 39 • www.restauranteelcanal.es • Mo–Sa 13–16 und ab 20 bzw. 21 Uhr (Küche), So nur mittags • €€

rohr angebaut. Historische Gebäude findet man in **Los Sauces** kaum. Ein herausragendes Bauwerk ist jedoch die Anfang des 16. Jh. gegründete Pfarrkirche **Nuestra Señora de Montserrat**. Sehenswert im Inneren ist die Statue der Jungfrau von Montserrat sowie ein Gemälde, das die Jungfrau auf dem katalanischen Berg Montserrat darstellt.

Auf dem Gebiet der Gemeinde existieren seit Jahrhunderten beträchtliche Wasservorkommen, was die landwirtschaftliche Nutzung beflügelt hat. Heute dominiert hier der Bananenanbau, darüber hinaus werden verschiedene Gemüsesorten und subtropische Früchte kultiviert.

Im Gegensatz zum etwas größeren Gemeindeteil Los Sauces, wo die meisten Gebäude dem reinen Nutzen unterworfen sind, verfügt **San Andrés** über viel historische Substanz, schöne Kopfsteinpflastergassen, mächtige Palmen, viel bunten Blumenschmuck sowie ein beschauliches, nahezu idyllisches Ambiente. San Andrés erhielt schon Anfang des 16. Jh. Stadtrechte, musste jedoch später seine wirtschaftliche Bedeutung an Los Sauces abtreten. Vom einstigen Getreideanbau hat so gut wie nichts überdauert. Der Ort ist heute von Bananenfeldern umgeben (sie wachsen förmlich bis ins Dorf hinein) und mutet wie ein Freilichtmuseum mit schmucken kanarischen Bürgerhäusern an.

Zentrum von San Andrés ist die von großen Palmen gesäumte Plaza de San Andrés mit einem beliebten Terrassencafé. Nahebei steht die als Wehrkirche errichtete Pfarrkirche **San Andrés Apóstol**.

Viele Besucher schätzen an San Andrés die ruhige, zeitvergessene Atmosphäre, die gepflegten Häuser aus historischer Zeit, die ein geschlosse-

Von der Terrasse des Mesón del Mar (▶ MERIAN-Tipp, S. 85) genießt man einen schönen Blick auf den Hafen. Das Restaurant ist die Hauptattraktion in Puerto Espindola.

nes Ortsensemble bilden, und das oft sonnige, luftige Klima nahe dem Meer. Eine Straße führt zum kleinen, inzwischen modernisierten Hafen **Puerto Espindola**, von dem aus im 15. und 16. Jh. Wein und Zucker nach Flandern und in andere Länder verschifft wurden und der noch bis in die Dreißigerjahre von wirtschaftlicher Bedeutung war. Heute wird der Hafen von einigen Fischern genutzt.
28 km nördl. von Santa Cruz

◎ Los Tilos ✪ ▶ S. 117, F 2

Einst waren weite Teile der Insel mit einem dichten Lorbeerwald bedeckt. Einen Großteil des verbliebenen Lorbeerwaldes hat die Inselregierung bei Los Tilos (westlich von Los Sauces) unter ihren Schutz gestellt. Auch die UNESCO wies 1983 ein 511 ha großes Lorbeerwaldareal als Biosphärenreservat **El Canal y Los Tilos** aus.

Man erreicht das Schutzgebiet, indem man etwa 1 km südlich von Los Sauces (vor der Brücke) in westlicher Richtung von der Hauptstraße abbiegt. Die Trasse führt durch den **Barranco del Agua** bis zu einem Parkplatz, wo sich auch ein interessantes Infozentrum zur Flora und Fauna der Los-Tilos-Region befindet (sehenswerte Videoshow). Es ist in der Saison täglich von 9–18 Uhr geöffnet (Tel. 9 22 45 12 46); die Öffnungszeiten können sich aber (wegen Personalmangels) ändern.

Vom Parkplatz führen Wanderwege in den weitläufigen Lorbeerwald hinein. Ein weiterer Wanderweg schlängelt sich oberhalb vom Wasserkraftwerk Salto im Barranco del Agua durch den Lorbeerwald bis zu den sehr wasserreichen Quellen von Marcos und Cordero. Der Weg dorthin – er dauert fast vier Stunden – führt jedoch durch zwölf Tunnel und ist daher nur für erfahrene Wanderer zu empfehlen, die mit einem Schutzhelm und einer Taschenlampe ausgestattet sind. Nach starken Regenfällen ist die Wegstrecke bis zu den Quellen meist unpassierbar. Die ersten Kilometer des Pfades in Richtung der Quellen sind jedoch problemlos.
30 km nördl. von Santa Cruz

MERIAN-Tipp

MESÓN DEL MAR ▶ S. 118, C 6

Direkt am Hafen (Puerto Espindola) bei San Andrés gelegenes Traditionsrestaurant, unter langjährigen Stammgästen auch als »Casa Juan« bekannt. Kleine Terrasse mit Blick auf den Hafen, geschmackvoll modernisierter Speiseraum im ersten Stock. Serviert werden delikate Fische und Meeresfrüchte: Napfschnecken, frittierte Moräne, Krake, Fischplatte; kleine Speisekarte mit exzellenten Frischprodukten. Vorzüglicher »mojo verde«, reichhaltige Paella und traumhafte Desserts (Ananas-Flan, Obst und Mandelspeisen). Weine aus La Palma, Katalonien und La Rioja. Reservierung ratsam.
Puerto Espindola • Tel. 9 22 43 03 05 • Di geschl. • €

WUSSTEN SIE, DASS ...

... sich der größte zusammenhängende Lorbeerwald der Kanaren bei Los Tilos auf La Palma befindet? Die Lorbeerarten stammen aus dem Tertiär, insgesamt 22 verschiedene Spezies konnten die Wissenschaftler ermitteln.

La Palma bietet Mountainbikern eine Vielzahl spektakulärer Trails in grandioser Natur, seien es mit Piniennadeln bedeckte Waldwege oder Vulkansandpisten.

Touren und Ausflüge

Am flexibelsten ist man mit dem Leihwagen, aber manches schöne Fleckchen – zumal im Gebirge – lässt sich nur fernab der Straße auf einer Wanderung erkunden.

Durch den Inselnorden – Von Los Llanos nach Santa Cruz

CHARAKTERISTIK: Autotour auf kurvenreicher Strecke hoch über der Nordküste bis an den Rand der Caldera de Taburiente **DAUER:** Halbtagesausflug **LÄNGE:** ca. 80 km **EINKEHRTIPP:** Restaurant Briesta, Carretera General, km 6, Las Tricias, Tel. 92 24 00 20, Di geschl. € **AUSKUNFT:** Fremdenverkehrsbüro Santa Cruz de La Palma, Avenida Blas Pérez González s/n, Tel. 9 22 41 21 06
KARTE ▶ S. 117, D 4 – S. 118, C 8

Aus dem Zentrum von **Los Llanos de Aridane** fahren wir zunächst westwärts durch den Ortsteil Argual und folgen dann der Straße Richtung Mirador del Time und Tijarafe. Unterwegs queren wir die Bananenkulturen im unteren Aridane-Tal, ehe die Straße in der Verlängerung des Barranco de las Angustias (Schluchttal der Todesängste) in Serpentinen weiter zum Aussichtspunkt **Mirador del Time** auf 594 m ansteigt.

Mirador del Time ▶ Hoya Grande

Hier legen wir den ersten Stopp ein und genießen von der Aussichtsplattform den wahrhaft grandiosen Blick über das gesamte Aridane-Tal und die Küste bei Tazacorte und Puerto Naos. Angesichts des Panoramas begreift man den herausragenden landwirtschaftlichen Wert des relativ wasserreichen Aridane-Tals. Einstmals wurde hier hauptsächlich Zuckerrohr angebaut, heute dominieren Bananenplantagen. Ab dem Mirador gelangt man auf der Straße weiter gen **Tijarafe**, wo alljährlich im September das berüchtigte Teufelsfest stattfindet (▶ Fiesta de la Candelaria, MERIAN-Tipp, S. 74). Sehenswert in Tijarafe ist vor allem die Kirche Nuestra Señora de la Candelaria, die von einem großen Platz umgeben ist.

Die Strecke führt weiter am Hang entlang Richtung Puntagorda. Nachdem wir den markanten **Barranco de Garome** überquert haben, erblickt man ca. 2 km vor Puntagorda auf der linken Seite (bei El Roque) einen uralten imposanten Drachenbaum.

Die Straße führt nun an **Puntagorda** vorbei durch eine Landschaft voller Blumen, Mandel- und Orangenbäumen; rechts am Hang ziehen sich dichte Kiefernwälder den Berg hoch. Weiter geht es in Richtung Hoya Grande. Etwa 4 km davor liegt das beliebte Ausflugslokal **Briesta**.

Hoya Grande ▶ Santa Cruz

In **Hoya Grande** biegen wir nach rechts in Richtung Santa Cruz ab. Die Straße steigt nun deutlich an, bis wir – bereits über 2000 m hoch – auf der rechten Seite die auffälligen Gebäude der Observatorien (**Observatorio Astrofísico**) erblicken. Ein Wanderweg führt ab dem Observatorio nach Südwesten zum **Roque de los Muchachos** (2426 m); ein anderer Aussichtspunkt, der **Mirador de los Andenes**, liegt vom Observatorium aus etwa 1 km in Richtung Santa Cruz direkt an der Straße. Von beiden Plattformen genießt man einen beeindruckenden Blick hinein in die Kiefernwälder der Caldera.

Die Hauptstraße führt uns durch vielerlei Kurven wieder hinab in Richtung Küste, bis wir von Norden her die Hauptstadt **Santa Cruz** erreichen.

Rund um Gallegos –
Durch den atlantischen Norden

CHARAKTERISTIK: Wandertour durch grandiose Steilküsten und eine kraftvolle, atlantisch geprägte Natur **DAUER:** Halbtagesausflug **LÄNGE:** ca. 10 km **EINKEHRTIPPS:** Bar Viveros Gallegos, Calle La Cancela (Ortszentrum), Gallegos, Fr–Mi 9–14, 18–22 Uhr • Restaurante La Gaviota, Piscinas de la Fajana, Barlovento, Tel. 9 22 18 60 99, Do geschl. € **AUSKUNFT:** Fremdenverkehrsbüro Santa Cruz de La Palma, Avenida Blas Pérez González s/n, Tel. 9 22 41 21 06
KARTE ▶ S. 117, E/F 1/2

Etwa 5 km westlich von Barlovento liegt etwas abseits der Durchgangsstraße in Richtung Garafía die kleine Ortschaft **Gallegos**. Am bequemsten und unabhängigsten gelangt man hierher mit dem Leihwagen. Es verkehrt jedoch an Werktagen ab Santa Cruz auch ein Bus (Linie 16). Er fährt frühmorgens in Santa Cruz ab und erreicht Gallegos nach ca. 1,5 Std. Der letzte Bus nach Santa Cruz fährt allerdings schon am frühen Nachmittag zurück. Aktuelle Busverbindungen finden Sie im Internet unter www.transporteslapalma.com.

Dort, wo von der Durchgangsstraße eine kleine Asphaltstraße in nördlicher Richtung via Gallegos abbiegt, beginnt unsere Wanderung. Ab hier marschieren wir ein kleines Stück auf der schmalen Straße, die die Durchgangsstraße mit Gallegos verbindet, bis zur ersten Kurve. Dann verlassen wir die Fahrbahntrasse und biegen

Wanderungen auf La Palmas Bergpfaden bieten oft spektakuläre Naturerlebnisse. Bleiben Sie aber auf den angegebenen, zumeist markierten Wanderwegen.

links (an einer grauen Steinmauer weist ein Pfeil nach links) auf einen kleinen Betonweg ab, dem wir nun abwärts folgen. Schließlich sind die ersten Bauernhäuser von Gallegos erreicht. Schon von dieser Stelle bieten sich die ersten reizvollen Blicke

Der fruchtbare Norden der Insel steht vielerorts im Zeichen der Bananenkultur.

über die benachbarten Schluchttäler, die kleinen Felder in der Umgebung und die schmucken Häuschen dieser auf einem Felssockel hoch über dem Meer gelegenen Ortschaft.

Auf der besagten Betonstraße gelangen wir abwärts durch das Dorf. Apfelsinen, Mandeln, Mispeln, Kartoffeln oder Bohnen werden hier in gepflegten Gärtchen angebaut. Stille allerorten, kaum ein Mensch ist zu sehen. An der ersten Kreuzung biegen wir – weiter auf einem schmalen Betonsträßchen – links ein. Dieser Weg (Lomo de la Fuente) führt abwärts dem Meer entgegen. Blühende Geranien zieren den Wegesrand, ein Gärtchen mit Kartoffeln und Yamswurzeln, dann ein mit einer Mauer umgrenztes Bananenfeld.

Wir erreichen nun die Steilküste: In der Ferne erkennt man links das oberhalb eines Schluchttals gelegene Nachbardorf **Franceses**; unter uns die steilen Klippen, das brandende Meer, Dutzende von Seevögeln.

Schließlich folgen wir weiter dem kleinen Betonsträßchen, das in einem Bogen wieder hinauf in Richtung Sportplatz ins Zentrum von Gallegos führt. Hier befinden sich sogar eine Telefonzelle, ein kleiner Laden sowie eine inzwischen geschlossene Bar.

Gallegos besaß in früherer Zeit, als es noch keine Straßenverbindung mit Santa Cruz gab, einen eigenen Hafen. Aber das ist längst Vergangenheit, heute leben nur noch wenige – zumeist ältere – Menschen hier oben im hohen Norden La Palmas.

Aus dem Zentrum von Gallegos führt ein schmaler, markierter Weg hinunter in den Barranco und an der anderen Seite hoch auf den **Lomo de Crucita**, ein lang gezogener Bergrücken, der sich nach Norden hin (links) in Richtung Meer erstreckt. Wer noch weiter wandern möchte, wendet sich nach links und geht an kleinen Bauernhäuschen vorbei auf dem Lomo de Crucita immer geradeaus in Richtung Meer. Die Feuchtigkeit des Atlantiks hat hier eine äußerst üppige Vegetation entstehen lassen.

Wer sich aber, aus dem Barranco bis zum Lomo de Crucita aufgestiegen, nach rechts wendet, erreicht auf der Straße nach wenigen hundert Metern den Ausgangspunkt unserer Route direkt an der Verbindungsstraße Barlovento–Garafía.

Zum Cubo de la Galga – Impressionen im Lorbeerwald

CHARAKTERISTIK: Mittelschwere Rundwanderung durch die urwaldähnlichen Lorbeerwälder im Nordosten der Insel **DAUER:** Halbtagesausflug **LÄNGE:** ca. 12 km
EINKEHRTIPP: Casa Asterio, La Galga 1 (Gemeinde Puntallana), Tel. 9 22 43 01 11, Di geschl. € **AUSKUNFT:** Fremdenverkehrsbüro Santa Cruz de La Palma, Avenida Blas Pérez González s/n, Tel. 9 22 41 21 06
KARTE ▶ S. 118, C 6/7

Ausgangspunkt dieser Wanderung ist der Parkplatz vor dem Restaurant **Casa Asterio**, das im Ortsteil La Galga direkt an der Straße zwischen Puntallana und Los Sauces – etwa auf halber Strecke – liegt. Wir lassen das Auto am besten hier auf dem Parkplatz stehen und begeben uns zunächst etwa 200 m weit auf der Asphaltstraße nach Norden, bis in der ersten Kurve eine schmale Straße nach links abbiegt und an einem kleinen Wasserkanal bergan führt.

Wir folgen nun diesem Weg, gehen immer am Wasserkanal entlang aufwärts (parallel zur Elektroleitung), kreuzen mehrfach die Straße, bewegen uns weiterhin am Kanalufer an Kastanienbäumen entlang bis zu einem großen weißen Wasserspeicher, wo der Weg schließlich wieder auf die kleine Asphaltstraße stößt.

Wir folgen nun der Straße bis zu einer Linkskurve. Hier steht ein Häuschen aus Beton, daneben führt der kleine Wasserkanal, der von nun an aus einem Wasserrohr besteht, in den Wald. Nach Verlassen der Asphaltstraße folgen wir dem schmalen Wanderweg, der rechts an der Wasserführung entlangläuft, und erreichen einen Schatten spendenden vegetationsreichen Lorbeerwald. Mächtige Bäume allerorten, Kastanien, große Farne, Ginster, Stechpalmen, Hauswurz, Minze, Moose und vor allem Stinklorbeerbäume und -sträucher.

Den Wasserkanal hinter uns lassend, biegen wir nach links ab und steigen einige Stufen hoch. Ab jetzt verläuft der markierte Wanderweg am Hang entlang. An der nächsten Wegkreuzung biegen wir nach rechts ab und erreichen nach fünf Minuten einen breiten Waldweg. Diesem folgen wir für 50 m, dann wenden wir uns nach links und stoßen nach ca. 800 m auf eine offene Stelle im Wald: der **Cubo de la Galga**, umgeben von Steilhängen und dichtem Urwald, Vogelgezwitscher, Stille. Hier endet der Pfad. Der breite Weg bringt uns schließlich zunächst zu der Kreuzung zurück (800 m), wo wir bereits gewesen sind, dann wenden wir uns jedoch nicht rechts (von dort kamen wir auf dem Hinweg), sondern gehen auf dem Talgrund immer weiter geradeaus durch den grandiosen Wald. Man passiert überhängende Felswände, ein ausgetrocknetes Bachbett und eine Vielzahl von großen, kräftigen Bäumen. Etwa nach 30 Minuten ist in einer Kurve wieder die Hauptstraße erreicht, die Puntallana mit Los Sauces verbindet. Ihr folgen wir zur Rechten (nicht durch den Tunnel, sondern auf der alten Straße) und gelangen nach ungefähr 1 km wieder zum Restaurant Casa Asterio.

Die Ruta de los Volcánes – Durch Lava, Staub und Schlacke 🔟

CHARAKTERISTIK: Die Vulkanroute vom Refugio El Pilar nach Fuencaliente gehört zu den Klassikern; gute Konstitution und Wandererfahrung sind Voraussetzung
DAUER: Tagesausflug **LÄNGE:** ca. 20 km **EINKEHRTIPP:** Bar-Restaurante Centaurea, Carretera General 36, Fuencaliente/Los Canarios, Tel. 9 22 44 41 29, tgl. geöffnet

€ **AUSKUNFT:** Fremdenverkehrsbüro Fuencaliente/Los Canarios, Plaza Minerva s/n, Tel. 9 22 44 40 03, Mo–Sa 9.30–13.30 Uhr
KARTE ▶ S. 93

Diese deutlich markierte Tour (GR 131) kann man ohne Bedenken ohne Führer gehen, aus Sicherheitsgründen aber keinesfalls allein, sondern zu zweit oder in einer Gruppe. Treten Sie die Wanderung aber nur dann an, wenn ruhiges und klares Wetter zu erwarten ist. Vor allem im Winter kann es hier urplötzlich zu dichtem Nebel oder heftigem Regen kommen. Dann besteht Unterkühlungsgefahr. Unabdingbar ist die Mitnahme von Proviant, Trinkwasser und einem Sonnen-, Wind- und Regenschutz. Außerdem benötigt man solide Wanderschuhe. Ratsam ist es, möglichst früh am Morgen aufzubrechen, um viel Zeit für die eigentliche Wanderung und eventuell den ein oder anderen Abstecher von der Hauptroute zur Verfügung zu haben. Falls man unterwegs von Nebelbänken oder starken Winden überrascht wird, sollte man aber unbedingt auf der Hauptroute bleiben.

Ausgangspunkt ist das Picknickcamp **Refugio El Pilar**, das nicht mit öffentlichen Verkehrsmitteln erreichbar ist. Am bequemsten lässt man sich von Los Llanos de Aridane, El Paso, Santa Cruz, Los Cancajos oder Breña Baja aus mit dem Taxi hierher bringen und fährt ab Fuencaliente mit dem Linienbus zurück.

Am Refugio El Pilar zweigt rechts neben dem Toilettenhäuschen die beschilderte Ruta de los Volcánes ab. Dieser gut ausgebaute Fußweg führt bergan in einen Kiefernwald und dann am **Pico Birigoyo** (1808 m) und am Gipfel des **Nambroque** (1925 m) vorbei bis in die Nähe des Hoyo Negro, dem düsteren Schlund eines imposanten Vulkans, der das letzte Mal im Jahr 1949 große Lavamassen aus sich herausschleuderte. Unterwegs eröffnen sich dabei immer wieder weite Blicke auf den Norden und Westen der Insel.

Lohnend ist hier ein erster Zwischenstopp, um sich den Krater mehr aus der Nähe anzusehen. Man sollte jedoch nicht zu nahe an den Kraterrand treten, Geröll und Asche sind ziemlich rutschig und nicht stabil.

Der gekennzeichnete Weg passiert nun den **Hoyo Negro** (schwarze Grube) und schlängelt sich weiter südwärts. An bizarren Felsformationen und einigen knorrigen, besonders imposanten Kiefern vorbei geht es auf und ab bis zum Krater des **Duraznero** (1902 m) und anschließend – etwas weiter südlich – zur **Deseada I** und **Deseada II**. Bei der Deseada I ist auf 1949 m der höchste Punkt der Route erreicht. Hier genießt man eine weite Sicht hinunter zur Südspitze der Insel. Der Gebirgszug **Cumbre Vieja**, dem wir weiterhin folgen, verliert nun mehr und mehr an Höhe. Vorbei an der **Hoya de la Manteca** (1695 m) führt unsere Tour nun zum berühmten **Volcán Martín**, der das letzte Mal am Martinstag, also dem 11. November, des Jahres 1646 ausbrach. Auch hier gibt es einen Abstecher hinauf zum Kraterrand, von dem sich an klaren Tagen eine schöne Aussicht über die Vulkanlandschaft bis hinüber zu den Nachbarinseln Teneriffa, Hierro und Gomera bietet. Der markierte Weg verläuft weiter südwärts an der **Montaña Pelada** vorbei auf die **Fuente del Tión** (Zisterne) zu, wo der Wanderweg in eine Piste übergeht. In Kehren geht es nun abwärts am **Llano de los Cestos** vorbei und durch den Kiefernwald **Pinar de los Faros**, schließlich noch an einem Fußballplatz entlang, und schon erreichen wir die Hauptstraße in der Ortschaft **Fuencaliente**, auch Los Canarios genannt. Nach einem langen Tag in einer von Vulkanasche, Lava, Schlacke und viel Staub geprägten Landschaft sollte man sich hier, am Endpunkt der Wanderung, eine stärkende Erfrischung gönnen.

In den Bars und Restaurants der Ortschaft wird meist der örtliche Weiß- oder Rotwein serviert. Nach einer anstrengenden Tagestour schmeckt ein Glas Wein aus dieser Region besonders gut. Der Malvasía-Süßwein gilt als Spezialität von Fuencaliente.

Zum höchsten Gipfel der Insel – Weite Blicke über bizarre Felsen

CHARAKTERISTIK: Diese anspruchsvolle, gut markierte Wanderung führt auf einer Höhe von mehr als 2000 m am Rand des Kessels Caldera de Taburiente entlang bis zum höchsten Gipfel der Insel, dem Roque de los Muchachos (2426 m) **DAUER:** Halbtagesausflug **LÄNGE:** ca. 6 km **EINKEHRMÖGLICHKEIT:** keine, nehmen Sie 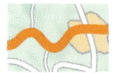 ausreichend Proviant mit! **AUSKUNFT:** Fremdenverkehrsbüro Santa Cruz de La Palma, Avenida Blas Pérez González s/n, Tel. 9 22 41 21 06 **KARTE ▶ S. 95**

Wanderer, die sich für diese Route entscheiden, sollten schwindelfrei und trittsicher sein. Kräftige Wanderschuhe, ein Lunchpaket und wärmende, windschützende Kleidung sind unabdingbar. In dieser Höhenlage kann es vor allem während der Wintermonate empfindlich kalt und zugig sein. Sind turbulente Wetterverhältnisse zu erwarten, sollte man die Wanderung auf einen günstigeren Tag verschieben.

Der Ausgangspunkt der Tour ist nicht mit dem Linienbus zu erreichen. Mit dem Leihwagen oder Taxi fahren wir ab Santa Cruz auf der Serpentinenstraße Richtung Observatorio Astrofísico bis hinauf zum Aussichtspunkt **Degollada de Franceses**. Er befindet sich ungefähr 1 km vor der markanten Sternwarte direkt an der Straße. In der Nähe des Miradors gibt es einige Parkbuchten, wo man den Wagen abstellen kann. Nahebei verweist ein Schild auf den Wanderweg zum Roque de los Muchachos.

Wir folgen diesem markierten Pfad (GR 131) und überqueren zunächst – hier ist besondere Vorsicht geboten – einen schräg nach unten in die Caldera abfallenden Geröllhang. Der Weg führt dann weiter am Hang der Caldera entlang; von nun an lohnt es sich immer wieder, ab und zu innezuhalten und den Blick hinein in den mit zahlreichen Kiefern bewachsenen Kessel zu genießen.

Nach wenigen Minuten erreichen wir nun den **Pared de Roberto**, eine bis zu 5 m hohe Felsmauer, die von der Erosion durch die Freilegung einer vertikalen Gesteinsformation geschaffen wurde. Eine andere Erklärung für dieses markante Felsmassiv entspringt der Legende. Danach gab es einst, als noch keine befestigten Straßen auf der Insel zu finden waren, einen jungen Mann aus Garafía, der sich in ein Mädchen aus dem Aridane-Tal verliebt hatte. Um sie so oft wie möglich zu besuchen, nahm er den Weg über den Roque de los Muchachos und weiter am Caldera-Rand entlang hinab ins Tal. Doch eines Tages errichtete ein Teufel (in Gestalt eines eifersüchtigen Mannes namens Roberto) eine Mauer, die der Verliebte nicht umgehen oder übersteigen konnte. Als der junge Mann vor der Mauer stand und keinen Rat mehr wusste, erschien der Teufel und bot ihm an: Verkaufe mir deine Seele, dann will ich eine Lösung finden. Der junge Mann willigte ein, und der Teufel schlug eine Bresche in die Felswand, deshalb heißt sie heute Pared de Roberto (Robertos Wand) – so will es die Legende.

Der Weg führt weiter auf und ab durch felsiges Gelände, bis man nach etwa einer halben Stunde eine kleine Gabelung erreicht, die zum Aussichtspunkt **Mirador de los Andenes**, direkt an die Durchgangsstraße grenzend, führt. Von hier bietet sich ein wundervolles Panorama hinab in die Caldera bzw. hinüber in den nördlichen Küstenbereich. Wir kehren auf den Wanderweg in Richtung Roque de los Muchachos zurück, gehen an einer Wettermessstation vorbei und dann zunächst auf die Teleskope des **Observatorio Astrofísico** zu. Mehrere europäische Länder unterhalten hier seit 1985 eine Ansiedlung von Sternwarten, die zu den bedeutendsten ihrer Art weltweit zählen.

Wir bleiben weiter auf dem deutlich erkennbaren Wanderweg, betreten also nicht das Gelände des Observatoriums, und erreichen schließlich einen Parkplatz, wo sich auch eine kleine Infostelle der Nationalparkverwaltung befindet. Sie ist gewöhnlich zwischen 9 und 18 Uhr besetzt. Die oberhalb gelegenen Felsen zählen bereits zum **Roque de los Muchachos** und markieren mit 2426 m den höchsten Punkt der Insel. Unterhalb des Gipfels führt ein Pfad auf einen Felsvorsprung, der einen beeindruckenden Blick in die Caldera gewährt. Hier sollte man sich genug Zeit zum Verweilen nehmen.

Wer möchte, kann auf dem gleichen Weg, auf dem wir gekommen sind, zur Degollada de Franceses zurücklaufen. Wer den Weg abkürzen will, erreicht beim Mirador de los Andenes die Durchgangsstraße und folgt ihr zum Parkplatz an der Degollada de Franceses.

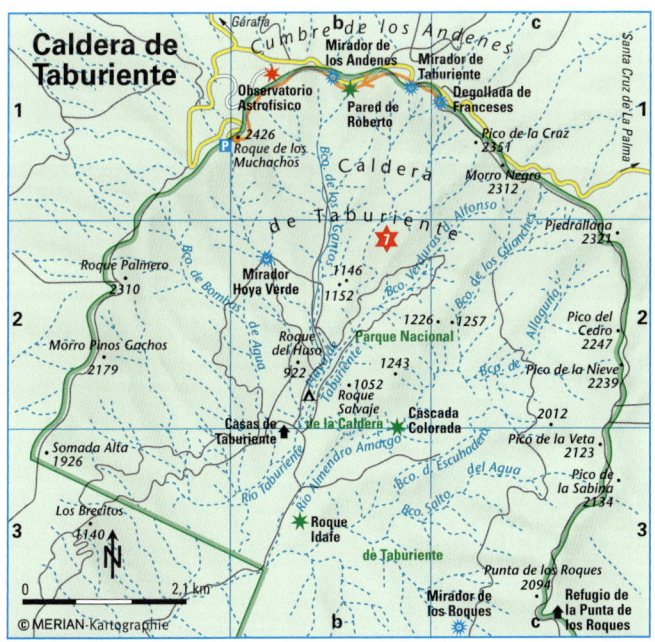

Radtour durch die Südhälfte – Von Villa de Mazo nach El Paso

CHARAKTERISTIK: Mittelschwere Tour ohne große Steigungen **DAUER:** Halbtages- oder Tagesausflug **LÄNGE:** ca. 30 km **EINKEHRTIPPS:** Bar-Restaurante San Blas, Calle María del Carmen Martínez Jerez 4, Mazo, Tel. 9 22 42 83 60, Mo geschl. € • Pizzería El Quinto Pino, Pared Nueva 3, Las Indias, Tel. 9 22 44 45 16, Mo–Di geschl. € **AUSKUNFT:** Fremdenverkehrsbüro Fuencaliente/Los Canarios, Plaza Minerva s/n, Tel. 9 22 44 40 03, Mo–Sa 9.30–13.30 Uhr **KARTE ▶ S. 121, E 9 – S. 120, C 9**

Fahrradfahrer, die die sportliche Betätigung auf besonders anspruchsvollen Strecken suchen, finden dazu im Bereich der Caldera de Taburiente verschiedenartige Möglichkeiten. Diverse Veranstalter haben sich inzwischen darauf spezialisiert, die Fahrradfahrer mit Kleinbussen zu bestimmten Ausgangspunkten zu bringen und sie auch wieder abzuholen.

Villa de Mazo ▶ Fuencaliente

Unsere Tour beginnt in der an der Ostküste gelegenen Ortschaft **Mazo**. Ab hier radeln wir auf der zumeist verkehrsarmen, stets am Hang verlaufenden Hauptstraße gen Süden Richtung Fuencaliente/Los Canarios. Unterwegs durchqueren wir die kleinen Straßensiedlungen La Sabina (die Gegend ist bekannt für ihren vorzüglichen Honig), Tirimaga, Tigalate und Montes de Luna. Rechts der Straße ziehen sich dichte Wälder die Hänge zur Cumbre Vieja empor; links fällt die Hanglandschaft zum Meer hin ab. An klaren Tagen sieht

Die Bodegón Tamanca (▶ S. 77) am Ortseingang von San Nicolás bietet zwischen großen Weinfässern kanarische Kost im originellen Ambiente eines Stollens.

man von hier aus die Nachbarinseln Teneriffa mit dem markanten Teide und Gomera. Etwa ab **Montes de Luna** kreuzen wir eine Landschaft, in der auf dem vulkanischen Erdreich Weinreben kultiviert werden.

Schließlich erreichen wir nach gemächlicher Fahrt auf der Hangstraße **Fuencaliente/Los Canarios**, den größten Ort im Süden der Insel. Die Hauptstraße verläuft mitten durch den Ort und dann an der Westküste entlang weiter nach Norden.

Fuencaliente/Los Canarios ▶ San Nicolás

Wer sich für die hiesige Weinproduktion interessiert, mag sich hinüber zur unterhalb des Dorfes gelegenen Produktionsstätte der örtlichen Weingenossenschaft (Cooperativa Llanovid, Los Canarios s/n) begeben. Und wer die Handwerksprodukte (v. a. Textilien) aus der Gegend in Augenschein nehmen möchte, findet ein interessantes Warenangebot im direkt an der Hauptstraße gelegenen Geschäft **Artesanía** (Carretera General 86). Unbedingt lohnend ist auch ein Besuch in der im Zentrum an der Hauptstraße befindlichen Bar **Parada**, wo in einem Hinterzimmer der Bäcker Honorio Pérez Cruz an jedem Werktag wundervoll schmackhafte Mandelmakronen und -kuchen herstellt – eine köstliche Wegzehrung für die verbleibende Passage unserer Fahrradtour.

Sie führt nun auf der westlichen Seite der Insel weiter nordwärts am Hang entlang, wo sich weite Blicke über die hiesigen Bananenfelder und den gesamten Küstenbereich eröffnen. Über Fajana, El Charco und Jedey erreichen wir kurz vor der Ortschaft San Nicolás auf der rechten Seite das originelle Restaurant **Bodegón Tamanca** (Carretera General del Sur 21, Tel. 922494155, Mo geschl., €€), das in einem in den Felsen gehauenen Stollen untergebracht ist. Es hat sich auf kanarische Traditionsgerichte spezialisiert: Wer sich nun nach den zurückgelegten Fahrradkilometern durch ein deftiges und schmackhaftes Mahl stärken möchte, hat hier die Möglichkeit dazu. Vor allem die Wurst- und Fleischspezialitäten dieser urig eingerichteten Lokalität sind zu empfehlen.

San Nicolás ▶ El Paso

Unsere Tour bringt uns auf der Hauptstraße weiter nach **San Nicolás**, wo wir rechts über der Fahrbahn das **Santuario de Fátima** erblicken. Dieses Denkmal wurde der Jungfrau von Fátima gewidmet, nachdem hier 1949 der Vulkan San Juan ausgebrochen war und der aus den Bergen herabfließende Lavastrom glücklicherweise den Ort weitgehend verschont hatte. Noch heute ist hier unterhalb des Dorfes nahe der Straße der erstarrte Strom der Stricklava zu besichtigen.

Unser Ausflug neigt sich dem Ende entgegen. Über Tajuya steigen wir weiter gen Norden in die Pedale und erreichen schließlich **El Paso** mit seinen liebevoll restaurierten Bauernhäusern. Im 18. und 19. Jh. pflanzte man hier viele Maulbeerbäume, mit deren Blättern Seidenraupen gefüttert wurden, um Naturseide herzustellen. Aber bereits in der zweiten Hälfte des 19. Jh. verlor die Produktion von Naturseide an Bedeutung. Heute gibt es in El Paso nur noch wenige Erzeuger. Wer sich für die Herstellung von Naturseide interessiert, sollte das **Seidenmuseum** (Museo de la Seda – Las Hilanderas) in El Paso (Calle Manuel Taño 6, Tel. 922485631) besuchen (▶ S. 23).

Die vielen wolkenfreien Nächte bieten ideale Bedingungen für das Observatorium (▶ S. 82) unweit des Gipfels des Roque de los Muchachos (2426 m).

Wissenswertes
über La Palma

Nützliche Informationen für einen gelungenen Aufenthalt: Fakten über Land, Leute und Geschichte sowie Reisepraktisches von A bis Z.

Auf einen Blick

Mehr erfahren über La Palma – Informationen über Land und Leute, von Bevölkerung über Politik und Sprache bis Wirtschaft.

AMTSSPRACHE: Spanisch
EINWOHNER: ca. 86 000
FLÄCHE: 706 qkm
GRÖSSTE STADT: Los Llanos de Aridane (22 500 Einwohner)
HÖCHSTER BERG: Roque de los Muchachos (2426 m)
INTERNET: www.visitlapalma.es
RELIGION: römisch-katholisch
WÄHRUNG: Euro

Bevölkerung

Auf dem Gebiet der gesamten Kanarischen Inseln leben etwa 2,35 Mio. Menschen, davon rund 86 000 auf der Insel La Palma. Etwa 10 % der Bevölkerung sind Ausländer, in der Mehrheit Deutsche. Viele Gemeinden bestehen aus großflächigen Streusiedlungen mit mehreren Ortsteilen. Die Städte und Dörfer liegen vor allem in der Nähe der klimatisch begünstigten Küste, wo genug Wasser für die Landwirtschaft vorhanden ist. Viele Palmeros sind aus politischen Gründen während des Spanischen Bürgerkrieges bzw. – davor oder danach – aus wirtschaftlichen Gründen emigriert. Auswanderungsländer waren vornehmlich Venezuela (während des Ölbooms) oder Kuba, wo viele Palmeros in der Tabakwirtschaft arbeiteten. Nicht wenige kehrten später mit ihren Ersparnissen zurück und gründeten auf La Palma Firmen im Bereich der Landwirtschaft, der Gastronomie oder des Tourismus.

◂ In der Finca El Sitio (▶ S. 24) werden die Zigarren noch in Handarbeit gefertigt.

Politik und Verwaltung

Spanien ist in 17 autonome Regionen (Comunidades Autónomas) unterteilt, eine davon wird von den Kanarischen Inseln (Comunidad Autónoma de Canarias) gebildet. Innerhalb der Kanarischen Inseln unterscheidet man zwei Provinzen, die eine – Santa Cruz de Tenerife – mit den westlichen Inseln Teneriffa, La Palma, La Gomera und El Hierro, die andere – Las Palmas de Gran Canaria – mit den östlichen Inseln Gran Canaria, Fuerteventura und Lanzarote. Die autonomen Regionen, so auch die Kanarischen Inseln, die 1982 den Autonomiestatus erhielten, besitzen weitgehende Rechte der Selbstverwaltung. Für ganz Spanien bedeutende Kompetenzen (Militär, Außenpolitik, zivile Luftfahrt, Telekommunikation etc.) sind jedoch nach wie vor bei der Zentralregierung in Madrid angesiedelt. Das Madrider Innenministerium ist in den beiden Provinzen der Kanaren durch jeweils einen Zivilgouverneur (Gobernador Civil) vertreten. Die lokalen Verwaltungsbehörden auf den Kanarischen Inseln heißen »Cabildos«. Jede Insel des Archipels verfügt damit über einen eigenen Cabildo Insular. Der entsprechende Inselrat von La Palma kümmert sich um die innere Verwaltung der Insel, dazu zählen auch die Kultur, das Gesundheitswesen und der Straßenbau. Eine bedeutende politische Kraft ist neben den großen, auch auf dem spanischen Festland vertretenen Parteien, wie der sozialdemokratischen PSOE (Partido Socialista Obrero Español) und der konservativen PP (Partido Popular), die kanarische Regionalpartei Coalición Canaria (CC). Sie fordert insbesondere zusätzliche Rechte für die autonome Region der Kanarischen Inseln sowie stärkere Wirtschaftshilfen durch die spanische Zentralregierung und die EU, um die verkehrsungünstige Lage der Kanaren am Rande Europas und andere Benachteiligungen, die aus dem Inselstatus erwachsen, auszugleichen. Solche Forderungen beziehen sich nicht zuletzt auf die Exportbedingungen der Landwirtschaft.

Sprache

Offizielle Verkehrssprache ist Spanisch (»castellano«). Die Dialektvariante auf den Kanarischen Inseln erinnert an andalusische oder noch mehr an südamerikanische Dialekte. Vom Hochspanischen abweichend sagt man auf den Kanaren beispielsweise für den Autobus »guagua«, für den Busbahnhof »estación de guaguas« oder für die Kartoffel »papa«. In Hotels und Restaurants der großen Urlaubszentren spricht und versteht das Personal in den meisten Fällen auch Deutsch bzw. Englisch.

Wirtschaft

Neben dem Tourismus hat die Landwirtschaft auf La Palma nach wie vor eine erhebliche Bedeutung. Wichtigster Exportartikel sind die bei der Kultivierung sehr viel Wasser verbrauchenden Bananen. Der Weinanbau (ca. 2500 Hektoliter/Jahr) deckt nicht einmal den Eigenbedarf der Insel. Eher unbedeutend sind die Kultivierung von Mandeln und Früchten sowie die Viehzucht (ca. 20 000 Ziegen) und die Fischerei. Ein wachsender Stellenwert kommt dem Anbau von Tabak und der Herstellung von Zigarren zu.

Geschichte

Ca. 500 v. Chr.
Erste Siedlergruppen aus dem Nordwesten Afrikas bevölkern die Kanarischen Inseln.

Ca. 25 v. Chr.
Der mauretanische König Juba II entsendet eine Expedition auf die Kanarischen Inseln. Im 1. Jh. n. Chr. berichtet der römische Schriftsteller Plinius über diese Erkundungsfahrt und notiert geografische Daten des gesamten Archipels.

6.–9. Jahrhundert
Weitere Berberstämme und andere Volksgruppen aus Nordwestafrika besiedeln den kanarischen Archipel.

1344
Papst Clemens VI verleiht Luis de la Cerda, dem Sohn des spanischen Königs Alfonso XI von Kastilien, den Titel »König der Kanarischen Inseln«.

1402–1405
Der spanische König Enrique III beauftragt den normannischen Edelmann Jean de Béthencourt, die Kanarischen Inseln zu erobern. Diesem gelingt es, Lanzarote, Fuerteventura und Hierro zu besetzen; die Einnahme von La Palma scheitert jedoch an dem zähen Widerstand der dortigen Urbevölkerung.

1492
Der spanische Militärführer Alonso Fernández de Lugo landet im Auftrag der spanischen Krone (Isabel von Kastilien und Fernando von Aragón) an der Westküste von La Palma, um die Inseln zu erobern. Der Stammesfürst Tanausú aus dem Gebiet der Caldera de Taburiente leistet Gegenwehr. Er wird jedoch durch eine List bezwungen. Im Frühjahr 1493 gerät La Palma endgültig unter die Herrschaft der spanischen Krone. 1495 fällt auch Teneriffa.

Ab 1508
Kaufleute aus der Stadt Santa Cruz betätigen sich im Amerikahandel und verdienen ein Vermögen. Santa Cruz wird zur bedeutenden Handelsmetropole. Ausländische Kaufleute wie der Kölner Jakob Grünenberg (Jácomo de Monteverde) lassen im Aridane-Tal Zuckerrohrplantagen anlegen und Zucker exportieren.

1610
Die andalusische Stadt Sevilla erhält faktisch das Monopol für den Handel mit Amerika. Damit schmälern sich die Gewinnchancen für die Kaufleute aus La Palma und von den anderen Kanarischen Inseln.

1657
Das Registergericht wird von Santa Cruz de La Palma nach Santa Cruz de Tenerife verlegt. Für La Palma bedeutet das einen weiteren wirtschaftlichen Rückschlag.

1760
In der Regierungszeit des spanischen Königs Carlos III beginnt eine Epoche der wirtschaftlichen Erholung und der politischen Liberalisierung.

1778
König Carlos III gibt den Amerikahandel für alle Hafenstädte Spaniens frei. Der Export kanarischer Händler nach Übersee nimmt wieder zu.

Geschichte

1805
Admiral Nelson führt in der Schlacht bei Trafalgar die britische Flotte zu einem Sieg über die Spanier.

1822
Santa Cruz de Tenerife wird Hauptstadt der Kanarischen Inseln.

1830
Die Zucht von Cochenille-Läusen, die einen natürlichen Farbstoff ergeben, wird zu einem wichtigen Wirtschaftsfaktor La Palmas. Der Boom hält aber nur wenige Jahrzehnte an. Ab 1880 setzen sich künstliche Anilinfarben durch, die Cochenille-Laus-Zucht wird immer weniger rentabel.

1852
Die spanische Königin Isabel II erklärt die Kanarischen Inseln zur Freihandelszone, um die Entwicklung der Region anzukurbeln.

1927
Die Kanarischen Inseln werden in zwei Provinzen aufgeteilt. Die westliche Provinz bilden Teneriffa, La Palma, La Gomera und El Hierro.

1936–1939
General Franco organisiert von Teneriffa aus einen Putsch gegen die republikanische Zentralregierung in Madrid: Ausbruch des Spanischen Bürgerkrieges, der drei Jahre währt.

Ab 1960
Viele palmerische Emigranten kehren aus Lateinamerika – vor allem aus Venezuela und Kuba – in ihre Heimat zurück und investieren ihre Ersparnisse in hiesige Unternehmen, was einen merklichen ökonomischen Aufschwung nach sich zieht.

1975
General Franco stirbt, Juan Carlos I wird zum König Spaniens proklamiert. Beginn der demokratischen Erneuerung. 1978 wird Spanien konstitutionelle Monarchie und bekommt eine neue demokratische Verfassung.

1982
Die Kanarischen Inseln erhalten innerhalb der neuen spanischen Verfassung den Status einer autonomen Region mit zahlreichen Selbstverwaltungsrechten.

1986
Spanien tritt der Europäischen Gemeinschaft bei; den Kanaren wird zunächst ein Sonderstatus zugebilligt.

1993
Die Kanarischen Inseln werden in die EU integriert. Einige Sonderregelungen bestehen aber weiterhin.

2002
Die gesamte Insel La Palma wird zum UNESCO-Biosphärenreservat erklärt.

2007
Im Observatorium auf dem Roque de los Muchachos wird das weltgrößte Spiegelteleskop montiert.

2010
Im Juli und August findet zu Ehren der Schutzheiligen La Palmas die Bajada de la Virgen de las Nieves statt.

2012
Nach Auskunft des staatlichen Flughafenbetreibers AENA stieg die Zahl der aus dem Ausland angekommenen Passagiere auf dem Airport Santa Cruz 2012 auf 121 884. Im Vorjahr waren es 107 635 Passagiere gewesen.

Sprachführer Spanisch

Aussprache

c	vor dunklen Vokalen wie k (como), vor hellen Vokalen wie engl. th (gracias)
ch	wie tsch (ocho)
h	wird nicht gesprochen
j	wie ch (jueves)
ll	wie j (calle)
ñ	wie nj (mañana)
qu	wie k (quisiera)
s	wie ss (casa)
y	wie j (hoy)
z	wie engl. th (diez)

Wichtige Wörter

ja – sí [si]
nein – no [no]
danke – gracias [grassias]
Wie bitte? – ¿cómo? [komo]
Ich verstehe nicht. – No entiendo. [no entjiendo]
Entschuldigung – con permiso, perdón [kon permisso, perdon]
Hallo – hola [ola]
Guten Morgen – buenos días [buenos dijas]
Guten Tag – buenas tardes [buenas tardes]
Guten Abend – buenas noches [buenas notsches]
Auf Wiedersehen – adiós [adijos]
Ich heiße … – Me llamo … [mee jamo]
Ich komme aus … – Yo soy de … [jo soij dee]
– Deutschland – Alemania [Alemanja]
– Österreich – Austria [Austrija]
– der Schweiz – Suiza [Suissa]
Wie geht's?/Wie geht es Ihnen? – ¿Qué tal?/¿Cómo está? [ke tal/komo esta]
Danke, gut. – Bien, gracias. [bjän, grassias]
wer, was, welcher – quien, que, cual [kjien, ke, kual]
wann – cuando [kuando]
wie lange – cuanto tiempo [kuanto tijempo]
Sprechen Sie Deutsch/Englisch? – ¿Habla alemán/inglés? [abla aleman/ingles]
heute – hoy [oij]
morgen – mañana [manjana]
gestern – ayer [ajer]

Zahlen

eins – uno [uno]
zwei – dos [dos]
drei – tres [tres]
vier – cuatro [kuatro]
fünf – cinco [sinko]
sechs – seis [seijs]
sieben – siete [siete]
acht – ocho [otscho]
neun – nueve [nuebe]
zehn – diez [dies]
einhundert – cien [sjen]
eintausend – mil [mil]

Wochentage

Montag – lunes [lunes]
Dienstag – martes [martes]
Mittwoch – miércoles [miärkoles]
Donnerstag – jueves [chuebes]
Freitag – viernes [bijernes]
Samstag – sábado [sabado]
Sonntag – domingo [domingo]

Unterwegs

rechts – a la derecha [a la deeretscha]
links – a la izquierda [a la iskierda]
geradeaus – recto [rekto]
Wie weit ist es nach …? – ¿Cuánto tiempo dura el viaje hasta …? [kuanto tijempo dura el biache asta]

Wie kommt man nach …? –
¿Por dónde se va a …?
[por donde se ba a]

Wo ist … – ¿Dónde está …
[donde esta]

– die nächste Werkstatt? – el próximo taller? [el proximo tajär]

– der Bahnhof? – la estación de tren? [la estassijon dee tren]

– der Flughafen? – el aeropuerto?
[el äropuerto]

– die Touristeninformation? –
la información turística?
[la informassion turistika]

– die nächste Bank? – el próximo banco? [el proximo banko]

– die nächste Tankstelle? –
la próxima gasolinera?
[la proxima gasolinera]

Bitte voll tanken! – ¡Lleno, por favor! [jeno por fabor]

Wir hatten einen Unfall. –
Tuvimos un accidente.
[tubimos un axidente]

Wo finde ich … – ¿Dónde encuentro … [donde enkuentro]

– einen Arzt? – un medico?
[un mediko]

– eine Apotheke? – una farmacia?
[una farmassia]

Eine Fahrkarte nach … bitte! –
¡Quisiera un pasaje a …, por favor! [kisijera un pasache a …, por fabor]

Übernachten

Ich suche ein Hotel. – Busco un hotel. [busko un otel]

Haben Sie noch Zimmer frei? –
¿Hay habitaciones libres?
[aij abitassiones libres]

– für eine Nacht? – para una noche? [para una notsche]

Ich habe ein Zimmer reserviert. –
Reservé una habitación. [reservee una abitassion]

Ich suche ein Zimmer für … Personen. – ¿Tiene usted una habitación para … personas? [tijene ustet una abitassion para … personas]

Wie viel kostet das Zimmer … –
¿Cuánto vale la habitación …
[kuanto bale la abitassion]

– mit Frühstück? – con desayuno incluido? [kon dessajuno inkluido]

Ich nehme das Zimmer. – Quiero la habitación. [kijero la abitassion]

Kann ich mit Kreditkarte zahlen? –
¿Puedo pagar con tarjeta de crédito? [puedo pagar kon tarcheta de kredito]

Ich möchte mich beschweren. – Me quiero quejar. [mee kijero kechar]

funktioniert nicht – No funcciona.
[no funxiona]

Essen und Trinken

Die Speisekarte bitte! – El menu, ¡por favor! [el menu por fabor]

Die Rechnung bitte! – La cuenta, ¡por favor! [la kuenta por fabor]

Ich hätte gern … – Quisiera …, ¡por favor! [kisijera… por fabor]

Kellner/-in – camarero/camarera
[kamarero/kamarera]

Mittagessen – almuerzo [almuersso]

Abendessen – cena [sena]

Einkaufen

Wo gibt es …? – ¿Dónde hay …?
[donde aij]

Haben Sie …? – ¿Hay …? [aij]

Wie viel kostet …? – ¿Cuánto vale …? [kuanto bale]

Das ist zu teuer. – Es demasiado caro. [es demasiado karo]

Ich nehme es. – Me lo llevo.
[mee lo jevo]

geöffnet/geschlossen – abierto/cerrado [abijerto/serado]

Bäckerei – panadería [panaderija]

Metzgerei – carnicería [karnisserija]

Kulinarisches Lexikon

A
aceite – Öl
aceituna – Olive
agua – Wasser
– con (sin) gas – Wasser mit (ohne) Kohlensäure
– mineral – Mineralwasser
aguardiente – Branntwein, Schnaps
ajo – Knoblauch
albóndiga – Frikadelle, Bulette
almeja – Miesmuschel
almendra – Mandel
arroz – Reis
asado – Braten

B
bacalao – Kabeljau, Stockfisch
bocadillo – Sandwich, belegtes Brötchen
buey – Rind, Ochse

C
cacahuetes – Erdnüsse
café con leche – Milchkaffee
– cortado – Kaffee mit wenig Milch
– solo – schwarzer Kaffee
calabaza – Kürbis
caldo – Fleischbrühe
cangrejo – Krebs
capón – Kapaun
carne – Fleisch
cebollas – Zwiebeln
cerdo – Schweinefleisch
cerveza – Bier
– oscura – dunkel
– rubia – hell (»blond«)
chorizo – rote Paprikawurst
chuleta – Kotelett
churro – in Öl ausgebackenes Spritzgebäck
ciruelas – Pflaumen
cocido – Eintopf mit Fleisch, Kichererbsen und Kartoffeln
crustáceos – Schalentiere

D
dátiles – Datteln
dulces – Süßigkeiten

E
embutido – Wurst
ensalada – Salat
espárrago – Spargel
– triguero – (wilder) grüner Spargel

F
fino – trockener Sherry
fresa – Erdbeere
frito – gebacken
frutas – Obst

G
gallina – Huhn
gambas – Krabben bzw. Garnelen
garbanzos – Kichererbsen
gazpacho – kalte Gemüsesuppe
gofio – geröstetes Getreidemehl
guisado – Schmorfleisch
guisante – Erbse

H
helado – Speiseeis
hielo – Eis, Eisstück
hígado – Leber
huevo – Ei

J
jabalí – Wildschwein
jamón – Schinken

L
leche – Milch
lechuga – Kopfsalat
legumbres – Gemüse, Hülsenfrucht
lengua – Zunge
lenguado – Seezunge
lenteja – Linse
lomo – Lendenstück
lubina – Wolfsbarsch

M

macedonia de frutas – Obstsalat
manteca – Fett
mantequilla – Butter
manzana – Apfel
mariscos – Meeresfrüchte, Muscheln
mejillones – Miesmuscheln
melocotón – Pfirsich
menta – (Pfeffer-)Minze
mermelada – Marmelade
miel – Honig
morcilla – Blutwurst

N

naranja – Orange
nata – Sahne
nuez – Walnuss

O

olla – gekochter Eintopf

P

paella – Reisgericht
pan – Brot
papas, patatas – Kartoffeln
pasas – Rosinen
pastel – Kuchen, Torte
– de patatas – Kartoffelpuffer
patatas fritas – Bratkartoffeln
pato – Ente
pecho – Brust
pepino – Gurke
perdiz – Rebhuhn bzw. Rothuhn
perejil – Petersilie
pescado – Fisch
pez espada – Schwertfisch
pimienta – Pfeffer
puchero – Eintopf

Q

queso – Käse

R

ración – »doppelte« Tapa
riñones – Nieren

S

sal – Salz
salchicha – Würstchen
salchichón – eine Art Salami
salmón – Lachs
salmonete – Meerbarbe
salsa – Sauce
sandía – Wassermelone
sangría – kalte Bowle aus Rotwein, Wasser, Zucker, Früchten
sardina – Sardine
sopa – Suppe mit Einlagen
sorbete – Fruchteis

T

tapa – Appetithäppchen
tarta – Torte
ternera – Kalbfleisch
tocino – Speck
torta – Kuchen
tortilla francesa – Omelett
– española – Omelett mit Kartoffeln
trigo – Weizen
trucha – Forelle
turrón – Mandelgebäck

U

uva – Weintraube

V

verduras – Gemüse, Salate
vinagre – Essig
vino – Wein
– blanco – Weißwein
– del país – Landwein
– rosado – Roséwein
– tinto – Rotwein

Z

zarzuela de pescado – eine Art Bouillabaisse
zumo – Saft
– de frutas – Fruchtsaft
– de manzana – Apfelsaft
– de melocotón – Pfirsichsaft
– de naranja – Orangensaft

Reisepraktisches von A–Z

ANREISE

MIT DEM FLUGZEUG

AirBerlin (www.airberlin.com), TUIfly (www.tuifly.com) sowie Condor (www.condor.com) fliegen La Palma ab diversen deutschen Flughäfen an. Buchbar sind Hin- und Rückflug oder pauschale Arrangements. Wer sich auf La Palma einen Leihwagen mieten möchte, kann dies bereits beim Kauf eines Flugtickets in einem deutschen Reisebüro oder per Internet tun (meist Sonderkonditionen). Hochbetrieb herrscht bei Flügen nach La Palma vor allem in den Schulferien, speziell während der Weihnachtszeit, wenn das sonnige Wetter auf den Kanaren besonders viele wintermüde Urlauber anlockt. Flüge während der Weihnachtsferien, in denen die Preise erheblich nach oben schnellen, sollten also möglichst rechtzeitig vorher reserviert werden. Auch in der Karwoche und während der Bajada de la Virgen de las Nieves (▶ MERIAN-Tipp, S. 27) sind viele Verbindungen oft schnell ausgebucht. Spaniens Fluggesellschaft **IBERIA** (www.iberia.de) bietet ebenfalls von deutschen Airports Flüge nach La Palma an. Dabei muss man meist in Madrid oder Barcelona umsteigen. La Palma ist auch von Teneriffa (Flughafen Tenerife Norte/Los Rodeos) und Gran Canaria mit dem Flieger zu erreichen. Entsprechende Flüge bietet mehrmals täglich die spanische Gesellschaft **Binter** (www.bintercanarias.com) an. Eine frühzeitige Reservierung ist dabei unbedingt erforderlich, da die Anzahl der Sitzplätze gering ist. Die Buchung kann bei der IBERIA in Frankfurt am Main vorgenommen werden.

Der Flughafen von La Palma (Tel. 9 22 42 61 00) liegt etwa 7 km südlich der Hauptstadt Santa Cruz. Eine Taxifahrt vom Airport in die Innenstadt kostet ca. 10 €. Es verkehrt aber auch ein preiswerter Linienbus (Linie 9) zwischen dem Flughafen und Santa Cruz (ab hier Umsteigemöglichkeiten). Die Fahrt dauert etwa 15 Min. Auf www.atmosfair.de und www.myclimate.org kann jeder Reisende durch eine Spende für Klimaschutzprojekte für die CO_2-Emission seines Fluges aufkommen.

MIT DEM SCHIFF

Einmal pro Woche bedient eine Autofähre der spanischen Gesellschaft **Acciona Trasmediterránea** (www.trasmediterranea.es) die Strecke von der andalusischen Hafenstadt Cádiz nach Santa Cruz de La Palma. Die Anreise per Schiff dauert ab Cádiz ca. drei Tage. Sie ist umständlich, nicht gerade preiswert und lohnt sich bestenfalls für Langzeiturlauber, die ihren PKW oder ihr Wohnmobil auf die Kanarischen Inseln mitnehmen möchten. Darüber hinaus müssen ab Deutschland rund 2500 km per Auto bis Cádiz zurückgelegt werden. Auskünfte zur Anreise mit dem Schiff:

DERTRAFFIC Schiffservice
Emil-von-Behring-Str. 6, 60439 Frankfurt • Tel. 0 69/95 88 17 53

Lineas Fred Olsen unterhält eine tägliche Fährverbindung zwischen Los Christianos (Teneriffa) bzw. San Sebastián de La Gomera und Santa Cruz de La Palma (www.fredolsen.es). Fährverbindungen zwischen Santa Cruz de La Palma und den Inseln Teneriffa, El Hierro, La Gomera, Gran Canaria und Lanzarote hat auch die Gesellschaft **Naviera Armas** im Programm. Sie unterhält überdies eine Schnellfähre zwischen Huelva in Andalusien und der Kanareninsel Teneriffa (www.navieraarmas.com). Hafen von Santa Cruz: Tel. 9 22 41 21 21.

AUSKUNFT

IN DEUTSCHLAND, ÖSTERREICH UND DER SCHWEIZ
Turespaña
– Litzenburger Str. 99, 10707 Berlin • Tel. 0 30/8 82 65 43 • www.spain.info/de/tourspain
– Walfischgasse 8, 1010 Wien • Tel. 00 43/15 12 95 80-11 • www.spain.info/at/tourspain
– Seefeldstr. 19, 8008 Zürich • Tel. 0 44/2 53 60 50 • www.spain.info/ch/tourspain

AUF LA PALMA
Oficina Insular de Turismo
▶ Umschlagkarte hinten, c 5

Avenida Blas Pérez González s/n, Santa Cruz • Tel. 9 22 41 21 06 • www.visitlapalma.es

BUCHTIPPS

Wulf Göbel, Claudia Gehrke & Alberto Linares (Hrsg.): Canarias – Kanarisches Lesebuch (Konkursbuch Verlag, 2005) Der Titel enthält Erzählungen, Essays, Lyrik und Fotografien, die sich auf die Kanaren beziehen. Die kanarischen, spanischen und deutschen Autoren stellen diese Inselgruppe auf ihre kreative und sehr persönlich geprägte Weise vor.
Elisabeth Veit: Kanarisch kochen. Gerichte und ihre Geschichte (Verlag Die Werkstatt, 2004) In diesem Kochbuch präsentiert die Autorin köstliche Rezepte der Kanaren.
Peter und Ingrid Schönfelder: Die Kosmos-Kanarenflora (Kosmos, 2012) Jede kanarische Pflanze wird hier mit Bild und Text vorgestellt.
Horst Uden: Der König von Taoro (Zech-Verlag, 2003) In diesem historischen Roman beschreibt der Autor den Sieg der Spanier über die Ureinwohner im späten 15. Jh.
Izabella Gawin, Peter Schulze: Spanisch für die Kanarischen Inseln (Reise-Know-How, 2009) In diesem Kauderwelsch-Band lernt man nicht nur kinderleicht grammatikalische Grundmuster, sondern erfährt auch viel Interessantes über die Mentalität der Canarios.

DIPLOMATISCHE VERTRETUNGEN
Deutscher Honorarkonsul
▶ Umschlagkarte hinten, f 2

Privatperson, keine Behörde.
Avenida Marítima 66/Ecke Calle Jorge Montero, Santa Cruz de La Palma • Tel. 9 22 42 06 89

Österreichisches Konsulat
Calle Hermano Apolinar 2, La Orotava, Teneriffa • Tel. 9 22 33 01 81 • Mo, Mi, Do 15.30–18.30 Uhr

Konsulat der Schweiz
Urbanización Bahía Feliz, Edificio de Oficinas, Local 1, Playa de Tarajalillo, Gran Canaria • Tel. 9 28 15 79 79

FEIERTAGE

Zahlreiche lokale Feiertage, vor allem Patronatsfeste (▶ S. 26). Außerdem:
1. Jan. Nuevo Año (Neujahrsfest)
6. Jan. Los Reyes Magos (Heilige Drei Könige)
März/April Semana Santa (Karwoche und Osterfest)
1. Mai Día del Trabajo (Tag der Arbeit)
30. Mai Tag der Kanarischen Inseln

25. Juli Santiago Apóstol
(heiliger Jakobus)
15. Aug. Asunción de la Virgen
(Mariä Himmelfahrt)
12. Okt. Día de la Hispanidad
(Tag der Entdeckung Amerikas)
1. Nov. Todos los Santos
(Allerheiligen)
6. Dez. Día de la Constitución
(Tag der spanischen Verfassung)
8. Dez. Inmaculada Concepción
(Mariä Empfängnis)
25. Dez. Navidad (Weihnachten)
Ostermontag, **Pfingstmontag** und
der **zweite Weihnachtstag** sind keine
offiziellen Feiertage.

FKK

Offizielle Nacktbadestrände sowie FKK-Camps oder -Hotels gibt es nicht. Inoffiziell ist FKK aber beispielsweise an der Playa de las Monjas nahe Puerto Naos üblich. »Oben ohne« ist an einigen Stränden verbreitet, wird aber von den Palmeros nicht unbedingt geschätzt.

GELD

Die üblichen **Kreditkarten** und **Reiseschecks** werden von den großen Hotels, vielfach auch von Restaurants, Autoverleihern und touristischen Agenturen und Geschäften in den bedeutenden Urlauberzentren akzeptiert. Banken sind in der Regel Mo bis Fr von 9 bis 14 Uhr geöffnet. Sie verfügen meist über **Geldautomaten** (»Cajeros Automaticos/Telebanco«), wo man rund um die Uhr per Kredit- oder Eurochequekarte mit Geheimzahl Geld abheben kann.

INTERNET

www.visitlapalma.es
Offizielle Infos der Inselregierung; auch in deutscher Sprache.
www.lapalma.es
Ausführliche touristische Informationen; teilweise auch in Deutsch.
www.islabonita.com
Informationen zu Unterkünften auf dem Land; auch auf Deutsch.
www.lapalma.de
Praktische Tipps eines deutschen Reiseveranstalters.
www.inseltouring.de
Reiseberichte und Empfehlungen zu Wanderungen; auf Deutsch.
www.kanarenaktuell.eu
Allgemeine touristische Infos und Angebote; auf Deutsch.
www.ing.iac.es
Adresse der Sternwarte; auf Englisch.
www.senderosdelapalma.com
Infos über Wandermöglichkeiten und den Zustand der Wanderwege.
www.wochenblatt.es
Online-Ausgabe der deutschsprachigen Zeitung mit aktuellen Nachrichten und Infos über die Kanaren.
www.spain.info/de
Touristische Infos des spanischen Fremdenverkehrsamtes auf Deutsch; auch Prospektbestellung.

KLEIDUNG

Während im Küstenbereich der Insel die wärmende Sonne scheint und zu Badefreuden verlockt, kann es in den Bergregionen, zumal im Bereich der Caldera de Taburiente oder im Nordosten rings um Barlovento, recht kühl sein. Wer also auch Ausflüge in die Bergwelt unternehmen möchte, sollte solide Wanderschuhe, einen dicken Pullover, einen Schal und eine wärmende Windjacke sowie eine Taschenlampe und Regenschutz mitbringen. Bei Wanderungen – besonders während der Sommermonate – empfiehlt es sich auch, eine schützende Kopfbedeckung einzupacken.

MEDIZINISCHE VERSORGUNG
KRANKENVERSICHERUNG

Die Vorlage einer Europäischen Krankenversicherungskarte (EHIC) ist ausreichend. Als zusätzlicher Versicherungsschutz empfiehlt sich der Abschluss einer Auslandskrankenversicherung, da diese Krankenrücktransporte mitversichert.

KRANKENHAUS
Hospital General de La Palma
Breña Alta • Bda. Buenavista de Arriba s/n • Tel. 9 22 18 50 00

Centro de Salud de Santa Cruz (Erste Hilfe)
Calle Pérez Galdós 5 •
Tel. 9 22 41 80 27

Centro de Salud de Los Llanos de Aridane (Erste Hilfe)
Calle Angélica Luis Acosta 2 •
Tel. 9 22 40 31 91, 9 22 40 31 92

APOTHEKEN

Apotheken (»farmacias«) sind in der Regel Mo–Fr 9–13 und 17–19 sowie Sa 9–13 Uhr geöffnet. Man erkennt sie an einem grünen Kreuz auf weißem Grund. Ein Schild an der Tür gibt an, welche Apotheke für den Notdienst zuständig ist.

NOTRUF

Euronotruf Tel. 1 12
(Polizei, Feuerwehr, Rettungsdienst)

POST

Die Briefkästen der staatlichen Post in Spanien sind gelb. Internationale Post wirft man in den Kasten mit der Aufschrift »Extranjero«. Briefmarken erhält man in allen Tabakläden und den Filialen der spanischen Post (»correos«).

NEBENKOSTEN

1 Tasse Kaffee	1,50 €
1 Bier	1,50 €
1 Cola	1,50 €
1 Brot (ca. 500 g)	0,80 €
1 Schachtel Zigaretten	2,50 €
1 Liter Benzin	1,15 €
Öffentl. Verkehrsmittel (Einzelfahrt)	1,10–2,50 €
Mietwagen/Tag	ab 40,00 €

REISEDOKUMENTE

Deutsche, Österreicher und Schweizer können mit einem gültigen Reisepass oder Personalausweis (Identitätskarte) einreisen. Kinder unter 16 Jahren müssen im Pass eines Elternteils eingetragen sein oder benötigen einen Kinderausweis.

REISEKNIGGE UND HINWEISE

Der Karneval sowie die Bajada de la Virgen de las Nieves (▸ MERIAN-Tipp, S. 27) werden in der Hauptstadt Santa Cruz de La Palma sehr üppig gefeiert, Abertausende von Besuchern füllen dann die Stadt, Hotels und andere Unterkünfte sind entsprechend ausgebucht; außerdem klettern die Preise auf ein Höchstniveau. Wenn Sie den berühmten Karneval oder die einzigartige Bajada de la Virgen erleben wollen, suchen Sie sich rechtzeitig vorher eine Unterkunft. Weit außerhalb der Hauptstadt oder in einer anderen Ortschaft sind dann die Preise für Hotels und Pensionen nicht so überteuert.
Canarios sind normalerweise sehr freundliche, lebensfrohe, oft zu Späßen aufgelegte Menschen, die es zu schätzen wissen, wenn sich jemand Zeit nimmt und sich für die Kultur und Eigenarten der Kanarischen In-

Mittelwerte	JAN	FEB	MÄR	APR	MAI	JUN	JUL	AUG	SEP	OKT	NOV	DEZ
Tagestemperatur	20	21	22	23	24	26	28	29	28	26	24	21
Nachttemperatur	14	14	15	16	17	19	20	21	21	19	17	16
Sonnenstunden	6	6	7	8	9	10	11	11	8	7	6	6
Regentage pro Monat	7	5	4	2	1	0	0	0	0	4	5	7
Wassertemperatur	19	18	18	18	19	20	21	22	23	23	21	20

seln interessiert. Dort, wo Sie ein Gespräch mit Einheimischen führen können, sind Gemächlichkeit und Humor angebracht. Bringen Sie niemals Hetze und Zeitdruck in eine Begegnung oder eine Unterhaltung.

Im Nationalpark Caldera de Taburiente oder in den anderen Naturschutzgebieten gelten oft mehrsprachig ausgewiesene Vorschriften, um die fragile Flora und Fauna nicht über Gebühr zu belasten. Nehmen Sie niemals Steine, Pflanzen oder andere Fundstücke aus diesen Gebieten mit. Bleiben Sie auf den angegebenen, zumeist markierten Wanderwegen und hantieren Sie niemals mit offenem Feuer. Gerade in den Pinienwäldern ist die Brandgefahr groß.

REISEWETTER

In den meisten Küstenbereichen La Palmas ist das Wetter fast das ganze Jahr hindurch mild und sonnenreich. In den Bergregionen der Caldera de Taburiente wird es jedoch deutlich kühler, im Herbst, Winter und Frühling sogar oft windig, kalt und neblig. Im Winter liegt hier nicht selten sogar Schnee. Auch im Nordosten der Insel, speziell in der Gegend von Barlovento, bringen die kalten Monate gewöhnlich Nebel und Wind.

Wer in diesen Gegenden wandern möchte, sollte sich unbedingt mit wärmender, wetterfester Kleidung ausstatten. Dies sollte man bei der Zusammenstellung des Reisegepäcks berücksichtigen.

RUNDFUNK

Nachrichten in deutscher Sprache senden Radio Cadena Española (Mittelwelle 747 kHz) Mo–Fr ab 8.30 Uhr sowie Radio Marítimo (Mittelwelle 720 kHz) tgl. 17–18 Uhr.

STROM

Für elektrische Geräte wird in seltenen Fällen ein Steckeradapter benötigt.

TELEFON

VORWAHLEN

D, A, CH ▸ Spanien 00 34
Spanien ▸ D 00 49
Spanien ▸ A 00 43
Spanien ▸ CH 00 41

Telefonieren per Festnetz aus dem Hotelzimmer ist bequem, aber gerade bei Ferngesprächen unangemessen teuer. Preiswerter telefoniert man an den öffentlichen Münzfernsprechern oder in den speziellen Telefonkabinen der Gesellschaft Telefónica. Werktags nach 22 Uhr, samstags ab 14 Uhr und an Sonn- und Feiertagen ist das Telefonieren deutlich billiger.

TIERE

Hunde und Katzen benötigen zur Einreise einen EU-Heimtierausweis (stellt der Tierarzt aus) mit Nachweis einer Tollwutimpfung. Das Tier muss durch einen Mikrochip identifizierbar sein.

TRINKGELD

Üblich bei zufriedenstellenden Leistungen in Restaurants, Hotels, Bars sowie für Taxifahrer, Reiseleiter, Bergführer etc. Angemessen sind zwischen 5 und 10 % des Gesamtbetrags.

VERKEHR

AUTO

Die Straßenverhältnisse auf der Insel haben sich in jüngster Zeit merklich verbessert. Man bedenke aber: Viele Straßen sind kurvenreich, manchmal eng und an Kreuzungen nicht immer gut einsehbar. Manchmal trüben auch plötzlich aufziehende Wolken oder Nebel die Sicht. Nach Unwettern oder schweren Regenfällen kann es da und dort zu Steinschlag kommen. Generell empfiehlt es sich, nicht zu schnell zu fahren, vor unübersichtlichen Kurven zu hupen und von riskanten Überholmanövern abzusehen. Die Tankstellen sind gewöhnlich auch an Sonn- und Feiertagen geöffnet.

FAHRRAD

La Palma beschert dem Fahrradfahrer vor allem im Norden der Insel enorme Steigungen und steile, vielfach kurvenreiche Abfahrten. Das mag durchaus ein Vergnügen für den sportlich eingestellten, durchtrainierten Fahrradfahrer sein, der über ein Mountainbike verfügt. Wer aber diese Voraussetzungen nicht mitbringt, wird besser auf Touren mit dem Drahtesel verzichten oder sich einen Ausflug per Fahrrad auf der Hauptstraße genehmigen, die von Mazo aus südwärts bis Fuencaliente und dann parallel zur Westküste wieder nordwärts Richtung Los Llanos führt (▶ Touren und Ausflüge, S. 96). Auf dieser Strecke sind kaum Steigungen zu bewältigen, und es bieten sich grandiose Blicke über den Küstenbereich und das Meer. **Fahrradverleih** ▶ S. 32.

MIETWAGEN

Viele interessante Aussichtspunkte und sehenswerte Lokalitäten außerhalb der Ortschaften erreicht man am bequemsten mit dem Leihwagen. Das Angebot ist recht groß, die Autos sind in passablem Zustand. Verleihstationen gibt es am Flughafen, in Santa Cruz und in Los Llanos. Der Abschluss einer Vollkaskoversicherung ist ratsam. Zudem empfiehlt es sich, die oft recht unterschiedlichen Preise zu vergleichen und auch die vertraglich fixierten Mietbedingungen genau zu studieren. Meist ist es günstiger, den Mietwagen im Internet bereits vor Antritt der Reise zu buchen. Außerdem kann man sich sicher sein, dass dann wirklich ein Mietwagen zur Verfügung steht.

ÖFFENTLICHE VERKEHRSMITTEL

Die meisten Orte sind von Santa Cruz oder Los Llanos de Aridane aus per Linienbus zu erreichen. Wer das Ziel seines Tagesausflugs mit dem Bus ansteuern möchte, erkundige sich vorher genau nach den Abfahrtszeiten. Sinnvoll ist die Anschaffung eines aktuellen Fahrplans; er enthält sämtliche Abfahrtszeiten und Kurzbeschreibungen der Buslinien. Man bekommt ihn bei den beiden Büros der Gesellschaft **Transportes Insular La Palma S. Coop:** Santa Cruz (Avenida Los Indianos neben Restaurante Casa del Mar, Tel. 9 22 41 19 24 bzw. 9 22 41 44 41) oder: Los Lllanos de Aridane (Calle Ramón Pol s/n, Estación de Guaguas, Tel. 9 22 46 02 41). Allgemeine Infos über öffentliche Verkehrsmittel und Abfahrtszeiten der Busse findet man im Internet unter www.transporteslapalma.com (auch in Englisch).

TAXI

Sie sind weiß und tragen die Kennzeichnung »SP« (»servicio público«). Taxameter sind offiziell vorgeschrieben, Preise für Tages- oder Rundfahrten sollten vorher ausgehandelt werden. Eine komplette Tagestour kostet mindestens 120 €.

ZEITUNGEN UND ZEITSCHRIFTEN

Deutschsprachige Zeitungen und Zeitschriften kauft man am besten in den Touristenzentren Los Cancajos, Los Llanos de Aridane oder Santa Cruz. Auch am Flughafen kann man fündig werden. Ein tagesaktuelles Angebot an deutschen Medien darf man jedoch nicht erwarten. Häufig sind die Ausgaben einige Tage alt.

ZEITVERSCHIEBUNG

Auf den Kanaren gilt die Westeuropäische Zeit (MEZ –1 Std.).

ZOLL

Die Kanaren sind noch immer Freihandelszone, weshalb es bei der Einreise keine Zollbestimmungen gibt. Bei der Rückreise nach Deutschland, Österreich und in die Schweiz gelten folgende Freigrenzen (wegen des kanarischen Sonderstatus niedriger als EU-üblich): 200 Zigaretten, 100 Zigarillos, 50 Zigarren oder 250 g Tabak; 1 l Spirituosen über oder 2 l unter 22 Vol.% Alkoholgehalt oder 2 l Schaumwein, dazu 2 l Tischwein; Souvenirs sind frei bis ca. 180 €. Weitere Auskünfte unter www.zoll.de, www.bmf.gv.at/zoll und www.zoll.ch.

ENTFERNUNGEN (IN KM) ZWISCHEN WICHTIGEN ORTEN

	Barlovento	Fuencaliente	Garafía	Los Llanos de Aridane	Mazo	El Paso	Puntagorda	Roque de los Muchachos	San Andrés y Sauces	Santa Cruz
Barlovento	–	67	37	71	50	63	44	71	9	32
Fuencaliente	67	–	69	27	18	25	53	73	59	31
Garafía	36	68	–	42	81	50	16	24	45	76
Los Llanos de Aridane	70	27	42	–	40	8	26	51	62	34
Mazo	50	18	81	40	–	32	66	55	41	13
El Paso	63	25	50	8	32	–	34	59	55	27
Puntagorda	44	53	16	26	66	34	–	25	52	60
Roque de los Muchachos	71	73	24	51	55	59	25	–	55	20
San Andrés y Sauces	9	59	45	62	41	55	52	55	–	22
Santa Cruz	32	31	76	34	13	27	60	20	22	–

Kartenatlas
Maßstab 1:150 000

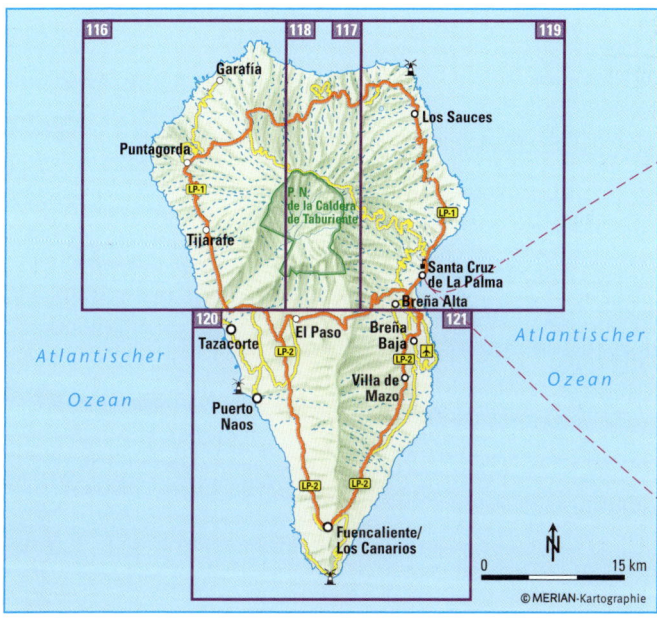

Legende

Touren und Ausflüge

- Durch den Inselnorden (S. 88) Start: S.117, D4
- Die Ruta de los Volcánes (S. 92) Start: S. 121, D9
- Zum höchsten Gipfel der Insel (S. 94) Start: S. 95, c1
- Radtour durch die Südhälfte (S. 96) Start: S. 121, E9

Sehenswürdigkeiten

- MERIAN-TopTen
- MERIAN-Tipp
- Sehenswürdigkeit, öffentl. Gebäude
- Sehenswürdigkeit Kultur
- Sehenswürdigkeit Natur

Sehenswürdigkeiten ff.

- Kirche; Kloster
- Schloss, Burg; Ruine
- Museum
- Leuchtturm
- Windmühle
- Höhle

Verkehr

- Autobahn
- Autobahnähnliche Straße
- Fernverkehrsstraße
- Hauptstraße
- Nebenstraße
- Fußgängerzone
- Parkmöglichkeit
- Busbahnhof

Verkehr ff.

- Schiffsanleger
- Flughafen

Sonstiges

- Information
- Theater
- Denkmal
- Markt
- Botschaft, Konsulat
- Aussichtspunkt
- Strand
- Hütte
- Friedhof
- Nationalpark

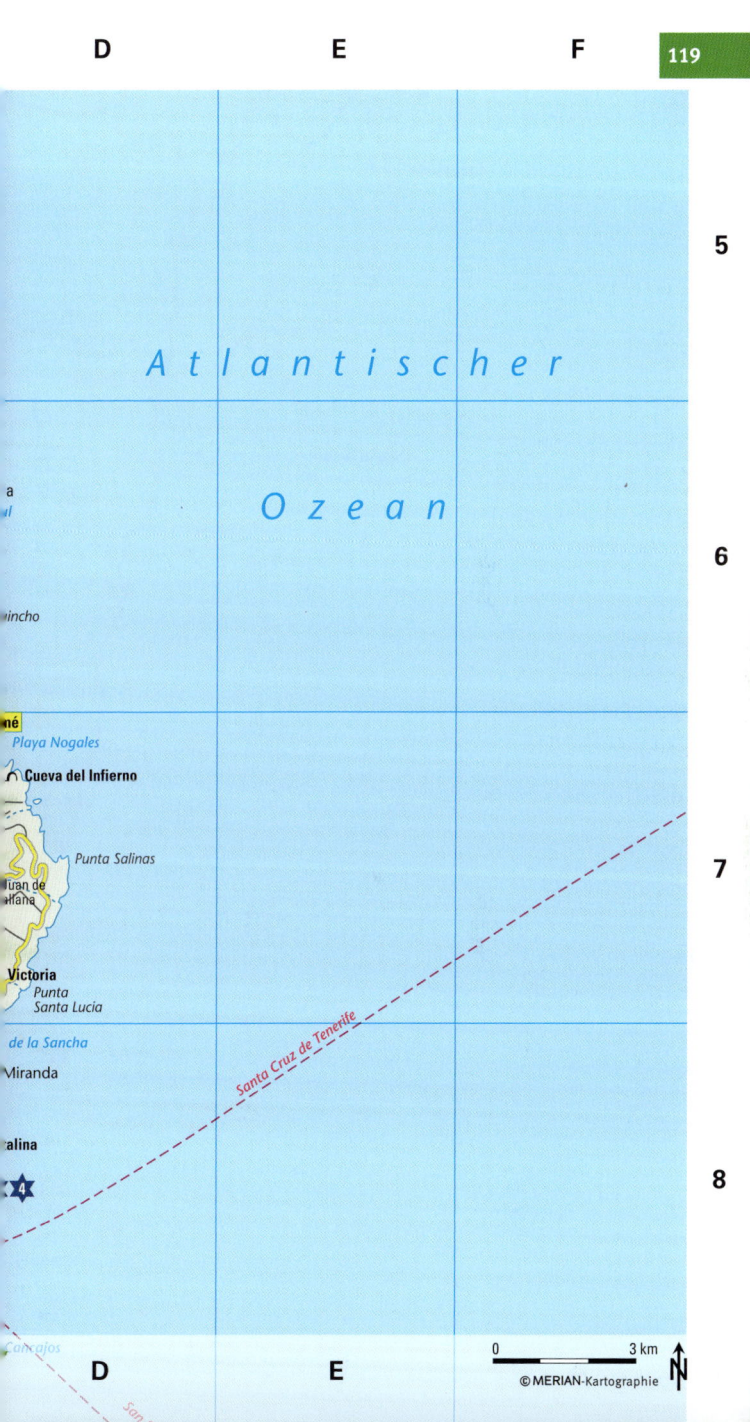

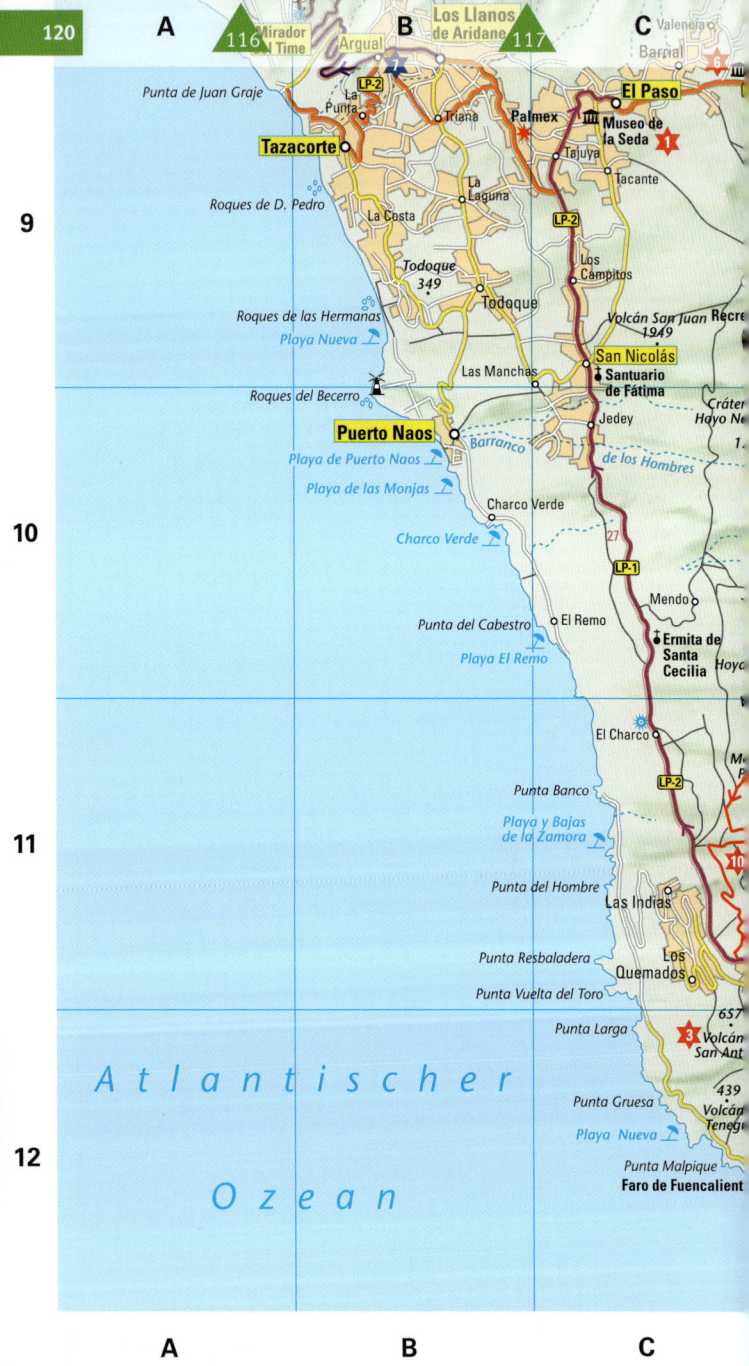

Kartenregister

Aeropuerto La Palma 121, E9
Aparicio ○ 118, C6
Arecida ○ 116, C4
Argual ○ 117, D4

Bahía de los Roques ~ 121, E11
Barlovento ○ 117, F1
Barranco Briestas ~ 116, C2
Barranco de las Angustias ~ 117, D4
Barranco de los Hombres ~ 120, B10
Barranco del Agua ~ 117, F3
Barranco Franceses ~ 117, E2
Barrial ○ 117, E4
Botaza ○ 117, F4
Breña Alta ○ 118, C8
Breña Baja ○ 121, E9
Briestas ★ 117, D2

Caldera de Taburiente ∞ 117, E3
Caleta de la Sancha ~ 118, C8
Callejones ○ 121, E9
Camellón ○ 116, C3
Casas Roque Faro ○ 117, E2
Castillo de Santa Catalina ★ 118, C8
Castillo ○ 116, C2
Centro de Visitantes ★ 117, E4
Charco Azul ~ 118, C6
Charco Verde ○ 120, B10
Charco Verde ~ 120, B10
Costa de Franceses △ 117, E1
Costa de Miranda ~ 118, C8
Costa de Triana ~ 116, C2
Costa del Polcar ~ 116, B2
Costa del Tablado △ 117, E1
Cráter del Durazno ▲ 121, D10
Cráter del Hoyo Negro ▲ 121, D10
Cubo de la Galga ★ 118, C7
Cueva Bonita ★ 116, C4
Cueva de Agua ○ 116, C2
Cueva de Agua ★ 116, C2
Cueva de Belmaco ★ 121, E10
Cueva del Infierno ★ 119, D7
Cumbre Nueva ∞ 121, D9
Cumbre Vieja ∞ 120, C10

Deseada ▲ 121, D10
Don Pancho ▲ 116, C3
Don Pedro ○ 117, E1

El Charco ○ 120, C11
El Fuerte ○ 118, C8
El Granel ○ 118, C7
El Guincho △ 121, D12
El Mudo ○ 117, D1
El Palmar ○ 117, D1
El Paso ○ 120, C9
El Pinar ○ 116, C2
El Pinar ○ 117, D4
El Pinillo ○ 116, C3
El Puertito △ 121, D11
El Remo ○ 120, C10
El Roque ○ 116, C3
El Roque ○ 118, C6
El Roque △ 121, E9
El Tablado ○ 117, E1
El Turco △ 118, C5
Ermita de la Virgen del Pino ★ 117, F4
Ermita de Santa Cecilia ★ 120, C10

Faro de Barlovento ★ 118, C8
Faro de Fuencaliente ★ 120, C12
Franceses ○ 117, E1
Fuego ▲ 121, D11
Fuencaliente/Los Canarios ○ 120, C11
Fuente de Candelaria ○ 116, C3

Gallegos ○ 117, F1
Garachico ○ 118, C6
Garafía (Santo Domingo) ○ 117, D1

Hoya de la Manteca ▲ 121, D10
Hoya Grande ○ 117, D2
Hoya Grande ∞ 117, D4
Hoyagrande ○ 118, C6

Inscripciones Prehistóricas ★ 116, C2

Jedey ○ 120, C10
Juan Adalid ○ 117, D1

La Caldera ○ 117, D4
La Cofradía △ 116, C3
La Costa ○ 120, B9
La Cumbrecita ∞ 117, E4
La Deseada ▲ 121, D10
La Esquinita ○ 117, D4
La Fajana ○ 117, E1
La Fajana ~ 118, C5
La Galga ○ 118, C6
La Laguna ○ 120, B9
La Palma Romántica ★ 117, F1
La Punta ○ 120, B9
La Punta ○ 116, C4
La Rosa ○ 121, E9
La Tosca ○ 117, F1
La Zarza ★ 117, D2
La Zarzita ★ 117, D1
Laguna de Barlovento ~ 117, F2
Las Caletas ○ 121, D11
Las Indias ○ 120, C11
Las Ledas ○ 121, E9
Las Manchas ○ 120, C9
Las Moradas ∞ 117, E2
Las Nieves ○ 118, C8
Las Parades ○ 118, C5
Las Tricias ○ 116, C2
Llanadas ∞ 117, D2
Llano del Pino ○ 118, C6
Llano Negro ○ 117, D2
Lodero ○ 121, E9
Los Campitos ○ 120, C9
Los Canarios ○ 120, C11
Los Cancajos ★ 121, E9
Los Lázaros △ 121, D12
Los Llanos de Aridane ○ 117, D4
Los Quemados ○ 120, C11
Los Riveroles ○ 116, C3
Los Roques de Anaga △ 121, D11
Los Sables ○ 117, D2
Los Sauces ○ 118, C6
Los Tilos ★ 117, F2

Malpaíses ○ 121, E10
Mazo ○ 121, E9
Mendo ○ 120, C10
Mirador de la Concepción ★ 118, C8
Mirador de los Andenes ★ 117, E3
Mirador de los Roques ★ 117, E4
Mirador de San Bartolomé ★ 118, C7
Mirador del Time ★ 117, D4
Miranda ○ 118, C8
Mirca ○ 118, C8
Montaña El Cabrito ▲ 121, D10
Montaña Los Charcos ▲ 121, D10
Montaña Pelada ▲ 120, C11
Montes de Luna ○ 121, D11

Kartenregister

Observatorio Astrofisico ★ 117, E3
Ovejas ▲ 117, F4

Palmex ★ 120, B9
Parque Nacional de la Caldera de Taburiente ☆ 117, E3
Pico Bejenado ▲ 117, E4
Pico Birigoyo ▲ 121, D9
Pico de la Cruz ▲ 117, E3
Pico de las Nieves ▲ 117, F3
Playa de Bayamar ~ 118, C8
Playa de Camariño ~ 116, B3
Playa de la Barqueta ~ 121, E10
Playa de las Cabras ~ 121, D12
Playa de las Monjas ~ 120, B10
Playa de los Roquitos ~ 121, D11
Playa de Puerto Naos ~ 120, B10
Playa del Burro ~ 121, E10
Playa del Hoyo ~ 121, E9
Playa del Mocán ~ 116, C4
Playa del Pozo ~ 121, E10
Playa El Remo ~ 120, C10
Playa Martín ~ 121, D11
Playa Nogales ~ 119, D7
Playa Nueva ~ 120, B9
Playa Nueva ~ 120, C12
Playa y Bajas de la Zamora ~ 120, C11
Prois de Don Pedro Δ 117, E1
Prois de Lomada Grande Δ 116, C2
Puerto Espindola ○ 118, C6
Puerto Naos ○ 120, B10
Punta Banco Δ 120, C11
Punta Cumplida Δ 118, C5
Punta de Domingo Ramos Δ 116, C3
Punta de Fuencaliente Δ 120, C10
Punta de Izcagua Δ 116, C2
Punta de Juan Adalid Δ 117, D1
Punta de Juan Graje Δ 120, A9
Punta de la Barqueta Δ 121, E10
Punta de la Corvina Δ 116, C4
Punta de las Palomas Δ 121, E9
Punta de los Gomeros Δ 116, C4

Punta de Rabisca Δ 117, D1
Punta de Tigalete Δ 121, E11
Punta de Topaciegos Δ 117, F1
Punta de Valiero Δ 117, D1
Punta del Andén Δ 121, E10
Punta del Cabestro Δ 120, C10
Punta del Corcho Δ 118, C5
Punta del Hombre Δ 120, C11
Punta del Moro Δ 116, C4
Punta del Moro Δ 121, E10
Punta del Mudo Δ 117, D1
Punta del Serradero Δ 116, B3
Punta El Guincho Δ 118, C6
Punta Gaviota Δ 117, F1
Punta Gorda Δ 116, B2
Punta Gorda Δ 118, C6
Punta Gruesa Δ 120, C12
Punta Larga Δ 120, C12
Punta las Salineras Δ 121, E10
Punta Los Guinchos Δ 118, C8
Punta Malpaís Δ 121, D12
Punta Malpique Δ 120, C12
Punta Resbaladera Δ 120, C11
Punta Salinas Δ 119, D7
Punta Salvajes Δ 118, C5
Punta Santa Lucía Δ 119, D7
Punta Vuelta del Toro Δ 120, C11
Puntagorda ○ 116, C2
Puntallana ○ 118, C7
Punta y Prois de Santo Domingo Δ 116, C1

Refugio de la Punta de los Roques ★ 117, F4
Refugio de Tigalate ★ 121, D10
Refugio El Pilar ★ 121, D9
Reventon ▲ 117, F4
Río Taburiente ~ 117, E3
Rito ○ 117, D2
Roque de los Muchachos ▲ 117, E3
Roque Idafe ★ 117, E3
Roque Negro Δ 118, C6
Roques de D. Pedro Δ 120, B9
Roques de las Hermanas Δ 120, B9
Roques de Niares Δ 121, E10
Roques del Becerro Δ 120, B10

Sabina ○ 121, E10
Salineras ○ 121, E10
San Andrés ○ 118, C6
San Antonio ○ 121, E9
San Antonio del Monte ★ 117, D2
San Blas ★ 121, E9
San Isidro ○ 121, D9
San José de Breña Baja ○ 121, E9
San Juan de Puntallana ○ 118, C7
San Nicolás ○ 120, C9
San Pedro ○ 118, C8
San Simón ○ 121, E10
Santa Cruz de La Palma ○ 118, C8
Santa Lucia ○ 118, C7
Santo Domingo ○ 117, D1
Santuario de Fátima ★ 120, C9
Sol La Palma ★ 120, B10

Tabladito ○ 116, C3
Tabladitos ▲ 117, D3
Tajuya ○ 120, C9
Tazacorte ○ 120, B9
Tenagua ○ 118, C7
Tigalate ○ 121, D10
Tiguerorte ○ 121, D10
Tijarafe ○ 116, C3
Todoque ○ 120, B9
Todoque ▲ 120, B9
Tomas Cazeres ★ 117, D2
Torre del Time ★ 117, D4
Triana ○ 120, B9
Tricias ▲ 116, C2

Valencia ○ 117, E4
Vaqueros ▲ 117, D2
Verada de las Lomadas ○ 118, C6
Villa de Mazo ○ 121, E9
Volcán de San Antonio ▲ 120, C12
Volcán de Teneguia ▲ 120, C12
Volcán Martín ▲ 121, D11
Volcán San Juan ▲ 120, C9

Zamagallo ▲ 118, C7
Zona Recreativa ★ 121, D9
Zona Recreativa ★ 117, F3

Zeichenerklärung
○ Orte
Δ Kap
▲ Gebirge
∞ Landschaft
~ Gewässer, Strand
★ Sehenswürdigkeit
☆ Nationalpark

Orts- und Sachregister

Wird ein Begriff mehrfach aufgeführt, verweist die **fett** gedruckte Zahl auf die Hauptnennung, eine *kursive* Zahl auf ein Foto.
Abkürzungen:
Hotel [H]
Restaurant [R]

Angeln 32
Anreise 108
Apartments 13
Apotheken 111
Acropark Canarias 39
Artefuego [Los Llanos de Aridane, MERIAN-Tipp] 73
Attraktive Touren 31
Auskunft 109
Auto 113
Avenida Marítima [Santa Cruz de La Palma] 44

Bajada de la Virgen de las Nieves [Santa Cruz, MERIAN-Tipp] *26*, **27**, 59, 108, 111
Bar Parada [R, Fuencaliente, MERIAN-Tipp] 64
Barlovento 80
Barranco de Buracas *5*, **81**
Barranco de Garome 88
Barranco de la Fuente 82
Barranco de la Galga 82
Barranco de la Luz 81
Barranco de las Angustias 77, **79**
Barranco del Agua 85
Bevölkerung 100
Bodega Tagalguén [Garafía] 20
Bodegón Tamanca [R, San Nicolás] 77, *96*, 97
Bootsausflüge mit der Fancy II [Puerto de Tazacorte] 39
Breña Alta 54
Breña Baja *5*, **56**
Briesta [R, Puntagorda] **83**, 88
Buchtipps 109

Caldera de Taburiente [MERIAN-TopTen] *21*, *30*, 74, 76, 78, **79**
Canarias [H, Santa Cruz de La Palma] 52
Casa de la Cultura [Los Llanos de Aridane] 70
Casa Federle [Los Llanos de Aridane] 39
Casa Goyo [R, Mazo] 67
Casa Osmunda [R, Breña Alta, MERIAN-Tipp] 15
Casa Salazar [Santa Cruz de La Palma] 45
Casa Victoria [H, Tenagua, MERIAN-Tipp] 52
Casas Consistoriales [Santa Cruz de La Palma] **45**, 52
Castillete [H, Santa Cruz de La Palma] 52
Castillo de Santa Catalina [Santa Cruz de La Palma] **46**, 51
Castillo Real [Santa Cruz de La Palma] 46
Centaurea [R, Fuencaliente/Los Canarios] 64
Central [H, Fuencaliente/Los Canarios] 63
Centro de Visitantes [El Paso, MERIAN-TopTen] 76
Centros de Venta de Artesanía 23
Charco Azul 34
Chipi-Chipi [R, Santa Cruz de La Palma] 53
Convento de San Francisco [Santa Cruz de La Palma] 51
Convento de Santo Domingo [Santa Cruz de La Palma] 47
Cubo de la Galga 80, **91**
Cueva de Belmaco [Mazo, MERIAN-TopTen] 36, **66**
Cumbre Vieja 93

Degollada de Franceses 94
Deseada I und II 92
Deutschsprachige Bibliothek La Palma [Puntallana] 83
Diplomatische Vertretungen 109
Don Quijote [R, Puerto Naos] 76
Drachenbäume 81
Duraznero 92

Edén [H, Los Llanos de Aridane] 72
Einkaufen 22
Eintöpfe 15
El Bernegal [R, Garafía] 82
El Hidalgo [R, Los Llanos de Aridane] 72
El Jable [R, Los Llanos de Aridane] 72
El Molino (Hoyo de Mazo) *22*, 24
El Paso 69, **75**, 97
El Pósito [H, Mazo] 67
El Pulpo [R, Los Cancajos] 58
El Quinto Pino [R, Fuencaliente/Los Canarios] 64
El Rincón de Moraga [R, Los Llanos de Aridane] 72
El Sitio La Rosa [H, Mazo] 66
Enriclai [R, Santa Cruz, MERIAN-Tipp] 54
Ermita de la Virgen del Pino [El Paso] 76
Ermita de San Bartolomé [Mirador de San Bartolomé] 82
Ermita Nuestra Señora de las Nieves 58
Essen und Trinken 14
Events 26

Fahrrad 113
Familientipps 38
Faro [Fuencaliente/Los Canarios] 61, *62*
Feiertage 109
Ferienhäuser 13
Ferienwohnungen 13
Feste 26
Fiesta de la Candelaria/Fiesta del Diablo [Tijarafe, MERIAN-Tipp] 74

Orts- und Sachregister

Finca Tabaquera El Sitio [Breña Alta] 24
Fischspezialitäten *14*, 16
FKK 110
Flechtarbeiten 23
Flugzeug 108
Franceses 90
Franchipani [R, El Paso] 19
Früchte 17
Fuencaliente **61**, 93, 97
Fuente del Tión 93

Galeón [H, Santa Cruz de La Palma] 52
Gallegos 89
Garafía *36*, 81
Geld 110
Geschichte 102
Gofio 16
grüner reisen 18

Hacienda de Abajo [H, Tazacorte] 77
Hacienda San Jorge [H, Los Cancajos] 57
HierbaBuena [Santa Cruz de La Palma] 19
Honig 24
Hostals 13
Hotels 13
Hoya de la Manteca 93
Hoya Grande 88
Hoyo Negro 92

Iglesia de San Francisco [Santa Cruz de La Palma] 48
Iglesia El Salvador [Santa Cruz de La Palma] *46*, *47*, 52
Iglesia Nuestra Señora de la Candelaria [Tijarafe] 74
Iglesia Nuestra Señora de la Luz [Garafía] 81
Iglesia Nuestra Señora de los Remedios [Los Llanos de Aridane] 70
Iglesia Nuestra Señora de Montserrat [San Andrés y Sauces] 84
Iglesia Nuestra Señora del Rosario [Barlovento] 80
Iglesia San Blas [Mazo] 66

Iglesia San Juan Bautista [Puntallana] 83
Iglesia San Mauro [Puntagorda] 82
Iglesia San Miguel Arcángel [Tazacorte] 77
Internet 110

Junonia [R, Fuencaliente/Los Canarios] 64

Kaninchenfleisch 15
Karneval [Santa Cruz] 27
Kartoffeln *14*, 16
Keramik 24
Kiosco Teneguía [R, Tazacorte] 77
Kleidung 110
Konsulate 109
Krankenhaus 111
Krankenversicherung 111
Kreditkarten 110
Kulinarisches Lexikon 106

La Bodeguita del Medio [R, Santa Cruz de La Palma] 53
La Cubana [H, Santa Cruz de La Palma] 53
La Cumbrecita [MERIAN-TopTen] 74
La Fajana 35, **80**
La Fuente [H, Santa Cruz de La Palma] 52
La Luna [R, Los Llanos de Aridane] 72
La Palma Miel [Garafía] 19
La Palma Princess [H, Fuencaliente/Los Canarios] 63
La Palma Romántica [H, Barlovento] 80
La Tosca 5
La Zarza [Garafía] 5, **81**
La Zarzita [Garafía] 5, **81**
Lago Azul [H, Los Cancajos] 57
Laguna de Barlovento 80
Las Nieves [R, Santa Cruz de La Palma] 53
Las Tierras 23
Las Tres Chimeneas [R, Breña Alta] 55

Llano de los Cestos 93
Lomo de Crucita 90
Lomo de las Chozas 74
Los Tilos, Lorbeerwälder von [MERIAN-TopTen] 5, *38*, 39, 79, **85**
Los Canarios **61**, 97
Los Cancajos 35, **57**
Los Llanos de Aridane *68*, **69**, 88
Los Llanos Negros [H, Fuencaliente/Los Canarios] 63
Los Volcánes [H, Fuencaliente/Los Canarios] 63
Los-Tilos-Besucherzentrum [Los Tilos] **39**, 85

Malvasía-Wein **17**, 65
Mar y Monte [H, Puntagorda] 83
Maroparque [Breña Alta] 39
Mazo **65**, 96
Medizinische Versorgung 111
Mercadillo de Mazo [MERIAN-Tipp] 5, **67**
Mercadillo de Santa Cruz de La Palma 51
Mercado [Santa Cruz de La Palma] 51, **54**
Mesón del Mar [R, Puerto Espindola, MERIAN-Tipp] *84*, 85
Mietwagen 113
Mirador de la Concepción 58
Mirador de los Andenes 88, **95**
Mirador de los Roques 74
Mirador de Miraflores [Puntagorda] 83
Mirador de San Bartolomé 82
Mirador del Time **74**, 88
Miranda [H, Breña Alta] 55
Mojo-Sauce *14*, 16
Montaña Pelada 93
Montes de Luna 97
Museo Arqueológico Benahoarita [Los Llanos de Aridane] 37, **70**
Museo Casa Roja [Mazo] 66

REGISTER: Orts- und Sachregister

Museo de la Seda [El Paso, MERIAN-TopTen] 23, *75*, **76**, *97*
Museo Insular [Santa Cruz, MERIAN-TopTen] 5, **48**, 51
Museo Naval [Santa Cruz de La Palma] *50*, 51

Nambroque 92
NAToUR trekking [Breña Baja] **21**, 34
Naturseide 23
Nebenkosten 111
Notruf 111

Observatorio Astrofísico **82**, 88, 95, *98/99*
Öffentliche Verkehrsmittel 113

Palmapur [Tijarafe] 20
Palmex [Los Llanos de Aridane] 70
Parador de La Palma [H, Breña Baja] 56
Pared de Roberto 94
Parrilla La Pradera [R, Barlovento] 80
Pensionen 13
Pico Birigoyo 92
Pinar de los Faros 93
Playa de Charco Verde 35
Playa de las Monjas 34
Playa de Los Cancajos 35, *56*, **57**
Playa de Puerto Naos *34*, 35
Playa El Remo 35
Playa Nogales 35
Playa Nueva [Fuencaliente/Los Canarios] **35**, 62
Playas Chicas 35
Playas de la Zamora 35
Plaza de España [Los Llanos de Aridane] *4*, 70
Plaza de España [Santa Cruz de La Palma] **48**, 52
Plaza de la Alameda [Santa Cruz de La Palma] *49*, 51
Plaza de la Constitución [Santa Cruz de La Palma] 51
Politik 101

Post 111
Puerto de Tazacorte *17*, *33*, *68*, 77
Puerto Espindola [San Andrés y Sauces] 85
Puerto Naos *34*, 76
Punta de Fuencaliente [Fuencaliente/Los Canarios] 61
Puntagorda 5, *28*, **82**, 88
Puntallana 83

Rad fahren 32, *86/87*
Rathaus [Los Llanos de Aridane] 70
Refugio El Pilar 5, 61, **92**
Reisedokumente 111
Reiseknigge 111
Reisewetter 112
Reiten 32
Restaurante El Canal [R, San Andrés y Sauces, MERIAN-Tipp] 83
Roque de los Muchachos *79*, *81*, 88, **95**
Roque Faro 5
Roque Teneguía 63
Rundfunk 112
Ruta de los Volcánes [MERIAN-TopTen] 92

Sadi [R, Los Cancajos] 58
Saline *60*, 62
San Andrés Apóstol [San Andrés y Sauces] 84
San Andrés y Sauces [MERIAN-TopTen] *40/41*, 83
San Miguel de las Victorias [Santa Cruz de La Palma] 47
San Nicolás *77*, *97*
Santa Cruz de La Palma *10/11*, *42*, **43**, 88
Santuario de Fátima [San Nicolás] *77*, **97**
Santuario de Nuestra Señora de las Nieves 58, *59*
Schiff 108
Segeln 32
Sol La Palma [H, Puerto Naos] *12*, 76
Spanische Eroberung 37, 102
Sport 30
Sprache 101

Sprachführer 104
Strände 34
Strom 112

Taburiente Playa [H, Los Cancajos] 57
Tasca La Fuente [R, Los Llanos de Aridane] 72
Tauchen 32
Taxi 114
Tazacorte 69, **77**
Telefon 112
Teneguia Princess [H, Fuencaliente/Los Canarios] 63
Tennis 32
Textilerzeugnisse 23
The Lab Beach [R, Santa Cruz de La Palma] 53
Tiere 113
Tijarafe 74, **88**
Trinkgeld 113

Übernachten 12
Ureinwohner **36**, 49, 53, 66, 70, 81

Valle Aridane [H, Los Llanos de Aridane] 70
Verkehr 113
Verwaltung 101
Virgen de los Remedios [Los Llanos de Aridane] 70
Vista Bella [H, Breña Baja] 56
Volcán Martín 93
Volcán San Antonio [Fuencaliente/Los Canarios] 62
Volcán Teneguía [Fuencaliente/Los Canarios] 63
Vorwahlen 112

Wandern 31, *33*, *89*
Wein **17**, 24
Wirtschaft 101

Zeitschriften 114
Zeitungen 114
Zeitverschiebung 114
Ziegenfleisch 15
Ziegenkäse 16
Zigarren **24**, 50, *55*, *100*
Zoll 114

usw
uferträume seesterne wellenreiter
111 magische Orte am Wasser

MERIAN books

Die Magie des Wassers
111 weltweite Reiseziele in aufregenden, sinnlichen und überraschenden Momentaufnahmen.
Dieses Buch porträtiert außergewöhnliche Menschen: eine Extremschwimmerin, einen Flussflüsterer, einen Botschafter der Meere und einen Wasserspender.
Sie alle haben ihr Leben dem Wasser verschrieben.

MERIAN
Die Lust am Reisen

WWW.MERIAN.DE

IMPRESSUM

Liebe Leserinnen und Leser,
vielen Dank, dass Sie sich für einen Titel aus unserer Reihe MERIAN *live!* entschieden haben. Wir freuen uns, Ihre Meinung zu diesem Reiseführer zu erfahren. Bitte schreiben Sie uns an merian-live@travel-house-media.de, wenn Sie Berichtigungen und Ergänzungen haben – und natürlich auch, wenn Ihnen etwas ganz besonders gefällt.

Alle Angaben in diesem Reiseführer sind gewissenhaft geprüft. Preise, Öffnungszeiten usw. können sich aber schnell ändern. Für eventuelle Fehler übernimmt der Verlag keine Haftung.

© 2013 TRAVEL HOUSE MEDIA
  GmbH, München
MERIAN ist eine eingetragene Marke der
GANSKE VERLAGSGRUPPE.

Alle Rechte vorbehalten. Nachdruck, auch auszugsweise, sowie die Verbreitung durch Film, Funk, Fernsehen und Internet, durch fotomechanische Wiedergabe, Tonträger und Datenverarbeitungssysteme jeglicher Art nur mit schriftlicher Genehmigung des Verlages.

BEI INTERESSE AN DIGITALEN DATEN AUS DER MERIAN-KARTOGRAPHIE:
kartographie@travel-house-media.de

BEI INTERESSE AN MASSGESCHNEI-DERTEN MERIAN-PRODUKTEN:
Tel. 0 89/4 50 00 99 12
veronica.reisenegger@travel-house-media.de

BEI INTERESSE AN ANZEIGEN:
KV Kommunalverlag GmbH & Co KG
Tel. 0 89/9 28 09 60
info@kommunal-verlag.de

Ein Unternehmen der
GANSKE VERLAGSGRUPPE

TRAVEL HOUSE MEDIA
Postfach 86 03 66
81630 München
merian-live@travel-house-media.de
www.merian.de

2. Auflage

PROGRAMMLEITUNG
Dr. Stefan Rieß
REDAKTION
Juliane Helf, Stella Rahn
LEKTORAT
Ewald Tange, tangemedia, München
BILDREDAKTION
Lisa Grau, Tobias Schärtl
SCHLUSSREDAKTION
Ulla Thomsen
SATZ
Ewald Tange, tangemedia, München
REIHENGESTALTUNG
Independent Medien Design,
Elke Irnstetter, Mathias Frisch
KARTEN
Gecko-Publishing GmbH
für MERIAN-Kartographie
DRUCK UND BUCHBINDERISCHE VERARBEITUNG
Stürtz Mediendienstleistungen, Würzburg

PEFC/04-31-1404

BILDNACHWEIS

Titelbild (Blick vom Mirador de las Chozas in die Caldera de Taburiente), laif: M. Sasse
Alamy: A. Dawson Photography 81, D. v. Mallinckrodt 10/11 • Arco Images: R. Kiedrowski 4 • H. Arndt 89 • Bildagentur Huber: F. Olimpio 100, R. Schmid 14, 17, 22, 34, 38 • blickwinkel: McPhoto 65 • F1online: AGE/J. C. Muñoz 42 • Glow; imagebroker/H. Corneli 59 • imago: W. Boegel 86/87, imagebroker/siepmann 49 • iStockphoto: U. Hamacher 98/99, F. Vallenari 21 • laif: N. Hilger 96, M. Kirchner 2, A. Liebsch 60, M. Sasse 28, 75 • look-foto: age fotostock 50, S. Lubenow 78, R. Richter 62, 90 • mauritius images: E. Laue 56 • Meliá Hotels International, S.A. 12 • Patronato de Turismo La Palma, mit freundlicher Genehmigung 7, 33 • Prisma: J. C. Muñoz 68 • Schapowalow: R. Harding 26 • J. Scholten 55 • Shutterstock: Shebeko 9, T. W. van Urk 9 • vario images: Photostock 30 • H. Wagner 36, 40/41, 46 • E. Wrba 84